Contents

リデル …………………… 3
Innocence …………………… 7
蛹化(ようか) …………………… 33
夢の子供 …………………… 40
Fair is foul, and foul is fair* …… 49

※「きれいは汚い、汚いはきれい」――シェイクスピア作『マクベス』(福田恆存訳)に登場する魔女の台詞

リデル
Liddell

歴史の時間を超えた彼方で 光と闇 天と地 海と陸
人と動物 人と植物 生と死と
すべてが分かたれ、この『世界』が産まれた。
その時『世界』は流れ出した、始まりから終わりへと。

銀色の髪をした少女リデルは本を閉じて立ち上がり、扉へと向かう。
　マントルピースの上には、マーマレードの瓶に入れたツグミの卵、フラスコに籠ったホムンクルスが仲良く並んでいる。
　二つの瓶を眺めている貴方をリデルは振り返り、来ないの？と問うような目を向ける。
「これは？」
　置いていってもいいのか、と問う貴方にリデルは「いつか、かえるわ」と応じる。
　いつか帰る、のか。
　いつか孵(かえ)る、なのか。
　確認する間もなくリデルは扉を開く。
　まっすぐに流れていくこの『世界』の時間に軽やかに背を向ける。
　リデルは謎々、リデルは迷宮。
　貴方はリデルを追う。始まりも終わりもない時間へと駆けていく。

　眠っている間、貴方の魂は何処にいくのか知っている？

　貴方が首を横に振るとリデルは「死」と答える。

　死の闇、よ。
　闇の中で貴方の魂は安らう。毎晩、「死」の中から帰還するの。無意識は「死」を必要とするけれど、意識はそれに耐えることはできない。「死」は混沌(こんとん)だから。夢自体は何も意味はない。意識の欠片、思考の残骸、そんなものなの。夢は日常の中に「死」が溢(あふ)れてこないための蓋なの。でもね。

　リデルは光を躍らせる波の連なりを、手で示してみせる。波の間に一瞬だけ、見えたモノに貴方は目を疑う。

　人魚の歌を聴くと、夢の底に穴があく。
　もし夢に穴があいてしまったら、そこから滲(にじ)み出す「死」を生きながらにして取り込む羽目になるでしょう。眠りの中から這い出す混沌は、何もかも曖昧にしていくの。

時間は万華鏡のように回りだし、始まりも終わりもなくなっちゃうの。生と死の境目が静かに溶け出す。それを地獄と呼ぶ人もいれば、理想郷と思う人もいるけど。

でも、正解はない。
答えのない謎かけだから。

リデルは人魚の歌を口ずさむ。

船出をした人々は、戻ってこない。美しい金色の髪を靡（なび）かせて、銀のバックルを膝にとめて。帰ってきたら、結婚するの、その愛しい人と。

帰る、孵らない、孵る、帰らない。
孵る、帰らない、帰る、孵らない。

少女たちは嫋（たお）やかなその身体から枝を伸ばし、緑の葉を育み、眠りの花を咲かせる。腐敗も傷も死も、再生への祈りと変わる。
樹海はすべてを飲み込む。波のように少女たちの眠りを揺らす。時間は廻（めぐ）っていく。メリーゴーラウンドのように。入り口も出口もない迷宮。
少女の境目のない眠りが貴方を侵食していく。

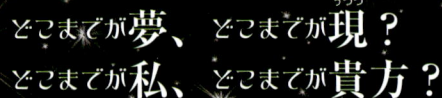

どこまでが夢、どこまでが現(うつつ)？
どこまでが私、どこまでが貴方？

眠りの中での小さな呟きは、やがて静かな子守唄になる。
自分自身が何かに蝕まれていくという快楽の中で、眠りを貪る。
自分が自分でなくなっていく。
溶けていく、広がっていく、収縮していく、すべては貴方の輪郭の中で。
避雷針のような茎が、唇で揺れる。

黒髪の少女が先刻、牛から産まれた。未来を知る、というその瞳でリデルと同じ星空を見上げている。
星は銀色に輝き、リデルの髪と、草むらに咲くシロツメクサとも同じ色だ。

でも、未来って、何のこと？

リデルの独り言に、答えるものは誰もいない。
生も死も、光と闇も、人と神も、人と動物も、人と植物も、人と魚も、始まりと終わりもすべての境が静かに溶け合う、優しい森にて。

Innocence

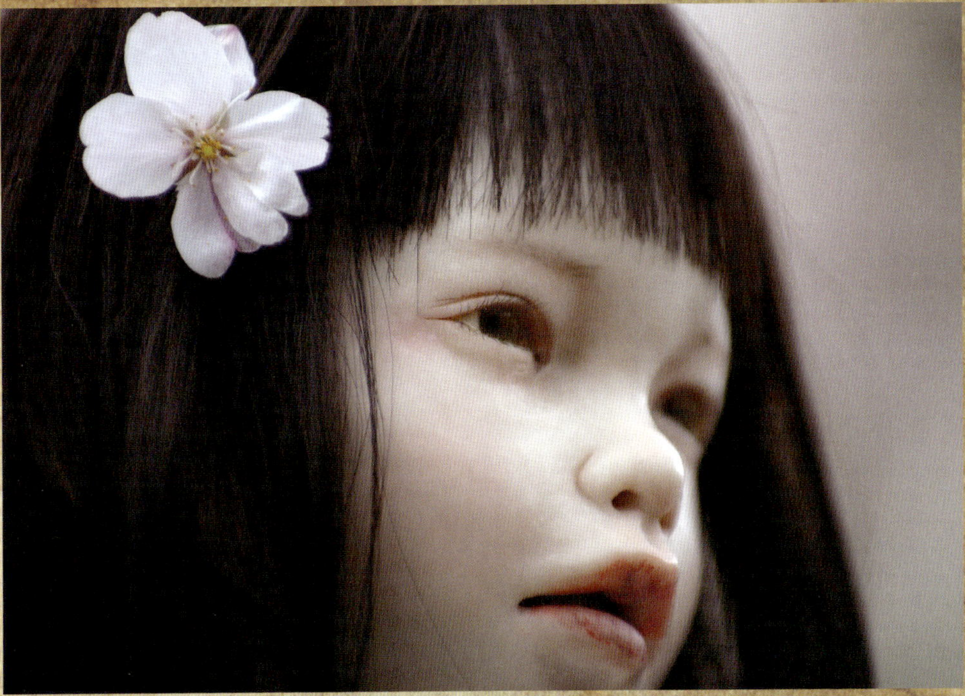

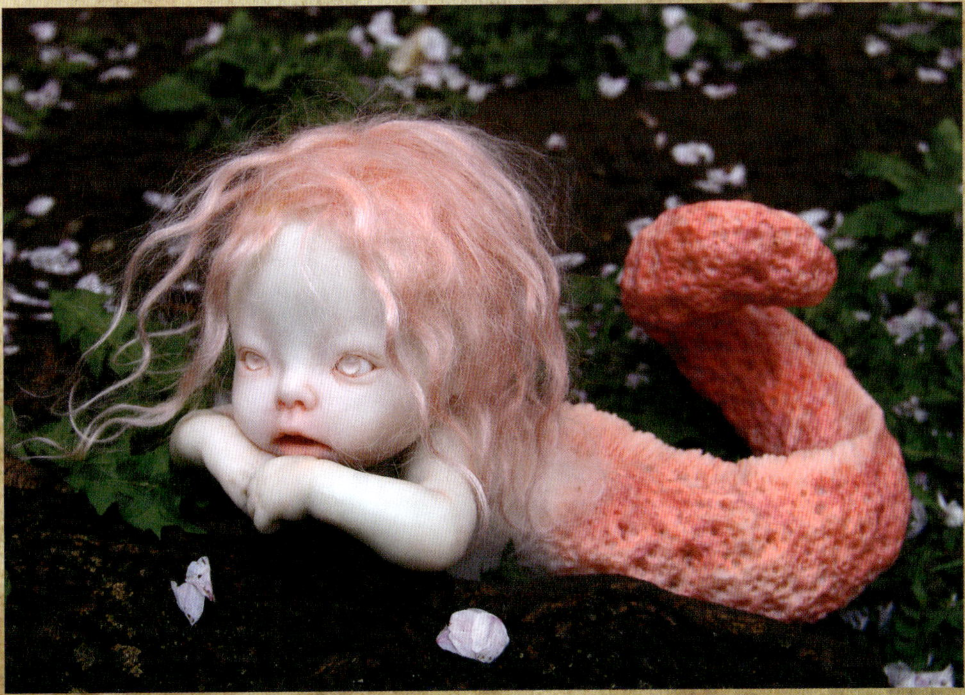

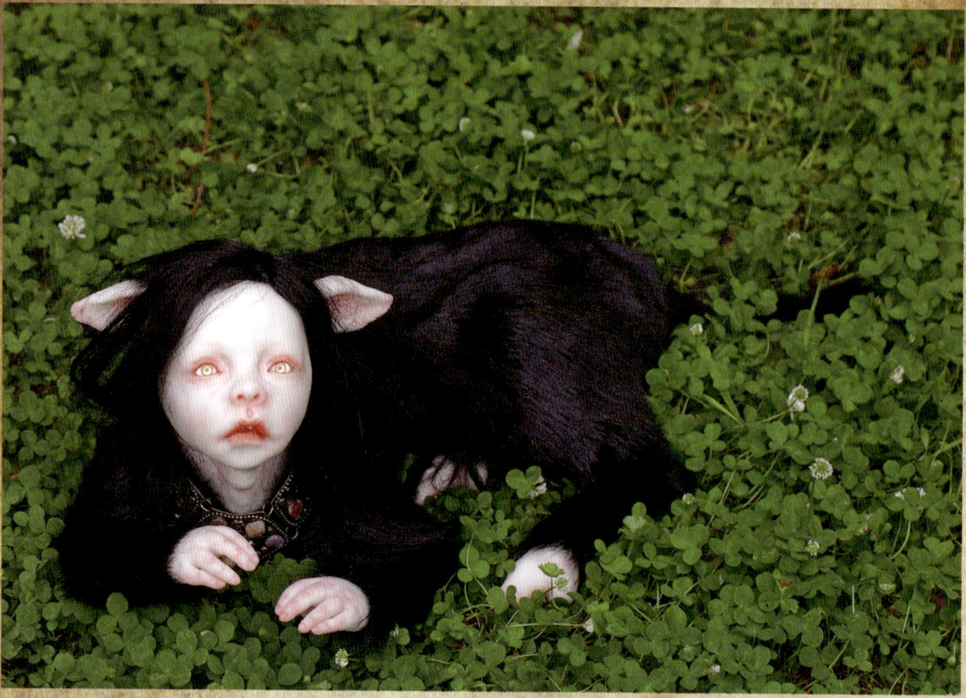

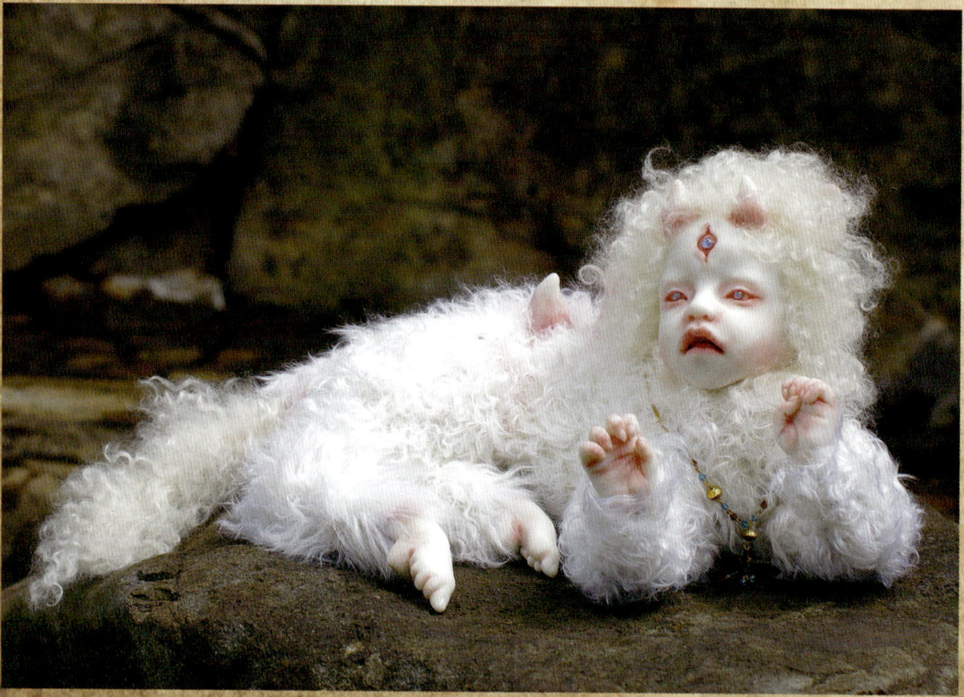

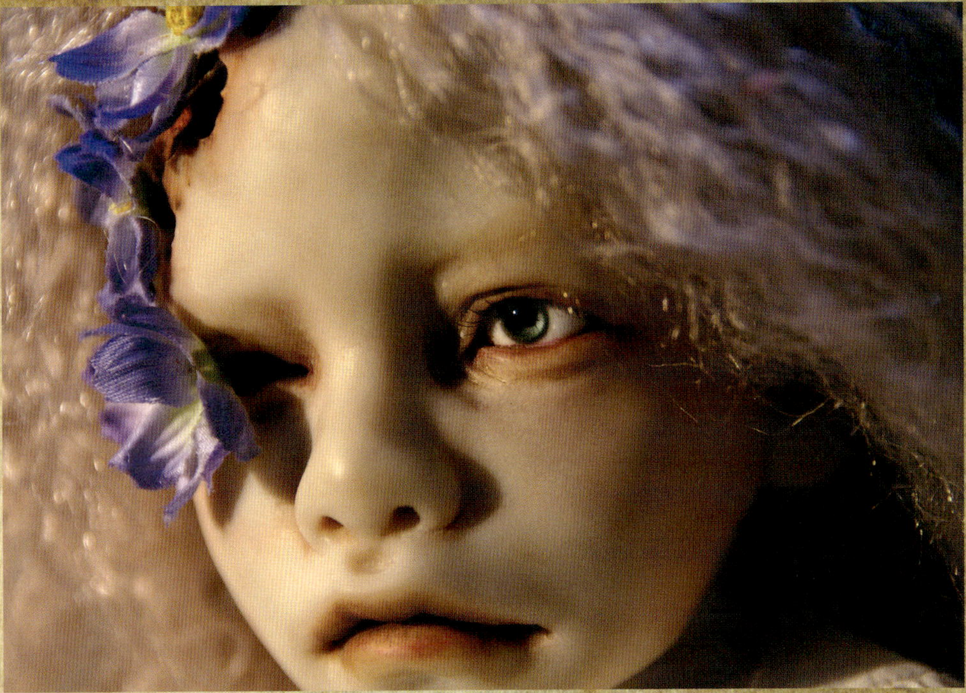

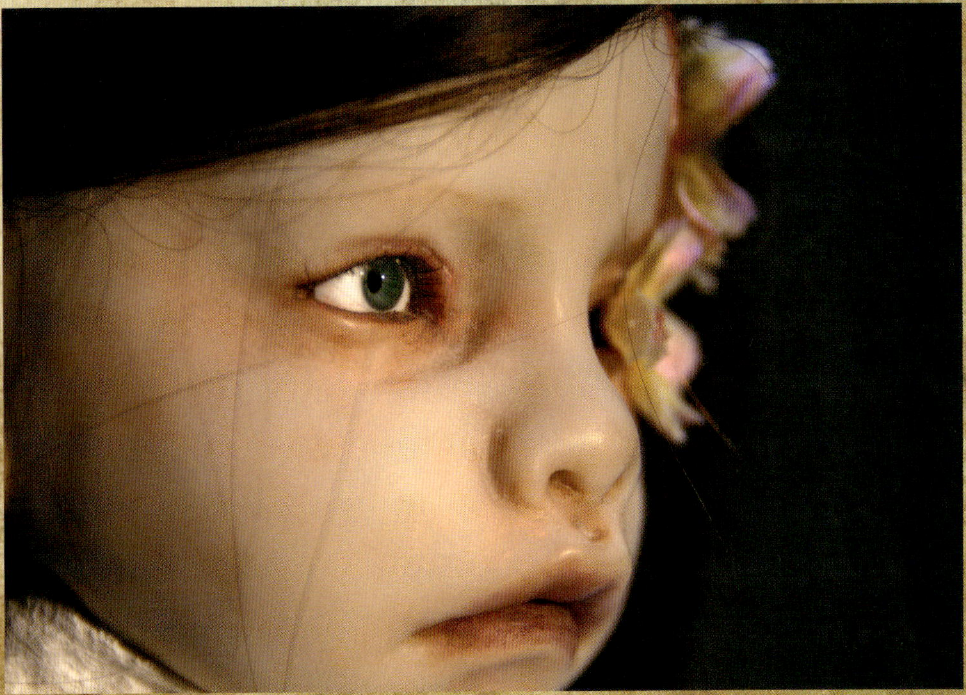

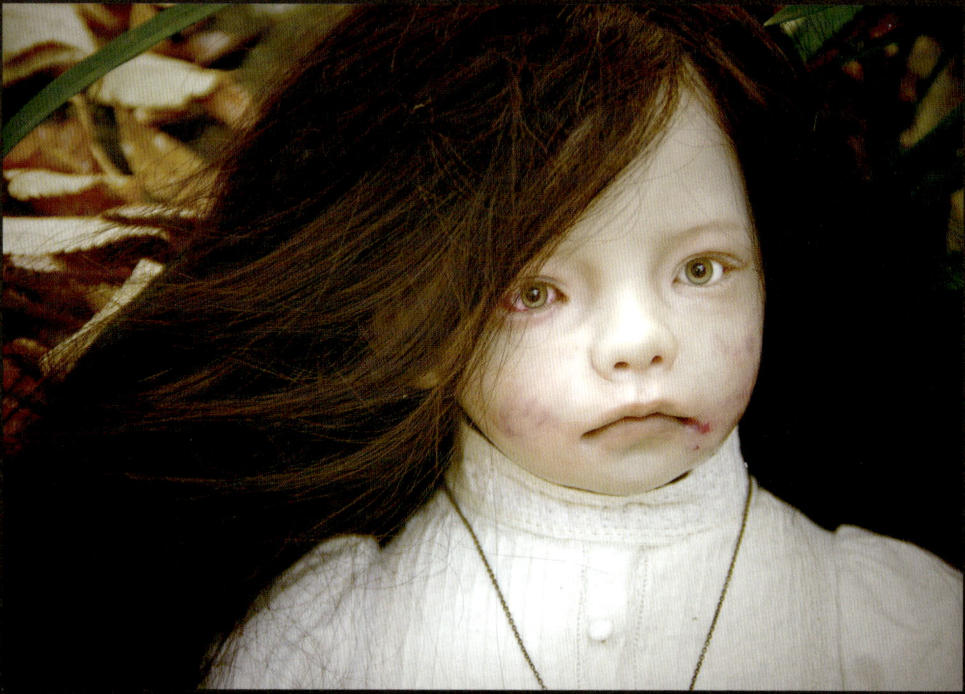

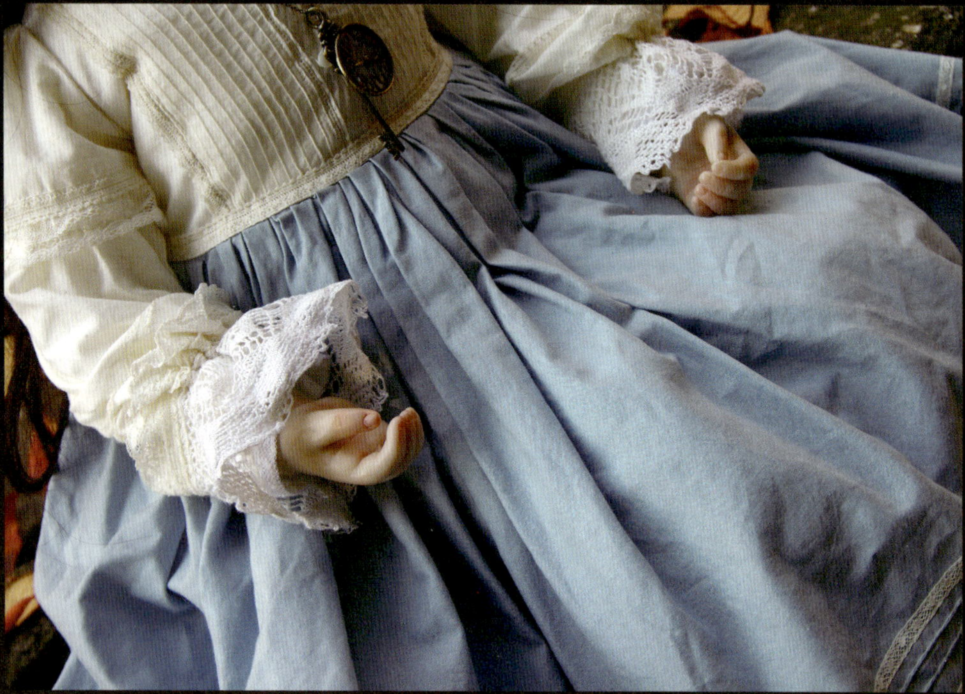

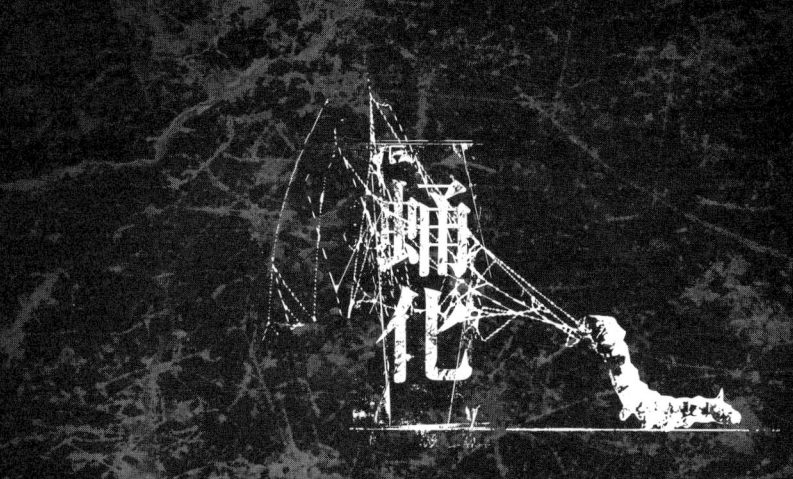

蛹化

ふわふわもこもことした蚕の幼虫(かいこ)を拾ったのは、クローバーの繁みの中。気が付いたのは、その傍らに真っ白な猫がいたから。猫は丸くなっていて、繭のようだった。私に気が付くと「にっ」と小さく鳴いた。その鼻先で幼虫がのたのたと身体をくねらせていた。暗くなりかけていたけれど、猫も蚕も白く輝いているように見えた。

その朝、私はお馬を亡くしたばかりだった。私にはお馬しかいなかったので、一人ぼっちになった。

お馬は殺された。朝、食べ物を調達に出かけて帰ってみたら、ぼろぼろになって死んでいた。真っ白でとても美しいお馬だったのに。
どうしていいのか分からなくて、とりあえず町の外れに住む長老を呼びに行った。昔、動物のお医者さんだったという人で、この人だけはたまに口をきいてくれた。いつもお馬を誉めてくれていたから、私ではなくてお馬が好きだったんだと思う。
長老はお馬の様子を見て、哀しそうに首を振った。大勢に殴られて殺されたのだという。骨も無残に砕かれていた。
「面白半分にこんなことを。酷過ぎる」
お馬のためにちょっと涙を流してくれた。
そうか、「面白半分」だったんだ。何故殺す相手として、私じゃなくてお馬を選んだのか、ちょっと不思議だったけど、それで分かった。
私のこと殺しても、お馬は哀しまないから、だからあんまり「面白く」ないんだと思う。私の方が身体小さいし、力がないし、どう考えても私のこと殺す方が楽なんだけど。
それにしても「面白半分」て何だかすごい言葉だと思う。お馬を殺したのは面白いのが半分で、後の半分は一体、何なのだろう。よく分からないけど、ものすごく暗くて怖いもののような気がする。
私は長老に頼んで、お馬の皮を剥いでもらった。その代わり、お肉は大半あげた。食べきれなくて腐ったりすると哀しい。

私が蚕を家に連れて帰ったのは、クローバーの野原では、蚕が生きられないのを知っていたから。それに、蚕の顔はちょっとお馬に似ていて、嬉しかった。透き通るような白さまで似ていた。だからって生まれ変わりだなんて考えたわけじゃないけど。だって、産まれたばかりの蚕はもっと黒くてごにょごにょしたやつで、こんなに白くはない。私のお馬が死んだのはその日の朝だったし、この蚕が産まれたのはもっと前だから。
手を伸ばして蚕を掬いあげたら、猫も立ち上がって私についてきた。私の家は本当に小さな小屋みたいなものなんだけど、蚕と猫と合わせてもお馬よりずっとずっと小さいから同居するのは楽だと思う。

近所に桑の畑がある。こっそり葉っぱを貰ってこようと思う。誰の畑だか知らないし、私が頼んでも貰えそうもないから、黙っていただくことにした。お馬がいなくなった日から、私は猫と蚕と暮らすことになった。名前なんてつけてない。ここには猫も蚕も一匹しかいないから、区別する必要なんかない。私だって、ずっと昔から名前なんて必要としていない。呼ばれた記憶なんか、ない。

桑畑はあんまり人がいないので、葉っぱをいただいてくるのは簡単だ。蚕はよく食べる。むくむく太っていく。

嬉しい。

暇さえあれば、ずっと眺めていたせいか、時々、蚕の声が聞こえるようになった。頭の奥に何かが響く。音声でもない、何か不思議な振動。そして、その響きに心を傾けていると、じわじわとその意味が沁みてくる。耳で聞き取るのではない言葉は不思議で、最初は戸惑ったけれども、じきに慣れた。不思議な響きの意味が分かる、その瞬間が好きだ。

大抵は、雨が降る、とか、風が強くなる、とか、火を消し忘れているとか、そんなとてもシンプルだけど大切なことを教えてくれる。私の蚕は雨に濡れた桑の葉は食べないから、降る前に葉っぱを貰ってこないと駄目なのだ。

時々、いつまで経っても意味が分からない響きが伝わってくることもある。私の知らないことを言っているんだろう。

不思議な旋律が伝わってくることもあった。歌っているようだ。一緒に拍子をとってみると、蚕も頭を振って踊った。

猫はとても綺麗だ。右眼と左眼の色が違う。片方が澄んだ空色で、片方は金色。無口であんまり鳴いたりしないけど、鼠を捕る姿には惚れ惚れとしてしまう。こんなに優雅に殺戮を楽しむ生き物を他に知らない。猫が鼠を殺す理由はとてもまっすぐだから。勿論、鼠を食糧としても利用しているけど、主には蚕を護るため。鼠は時々、蚕を襲おうとする。

お馬はいなくなったけど、私の周りは随分と賑やかになった。

雨が降る前にと慌てて桑の葉を取りに行った時、三人の男の人に見つかって、捕

まってしまった。まずは素手で沢山殴られた。畑の土に倒れたら、蹴られた。それから、棒で叩かれた。ものすごく痛くて、ごめんなさい、ごめんなさいって言いそうになったけど、我慢した。猫に殺される鼠は謝ったりしない。それに、多分、桑の葉を取ったせいで殴られているんじゃないと思う。畑の持ち主は最近分かったけど、この人たちじゃなかったし、一匹の蚕を養うための葉っぱなんて、本当にたいしたことはない。何か殴る口実が欲しかったんだと思う。
　きっと面白半分だ。
　私は途中から声も出なくなっていたし、大して面白くもなかったと思うけど、男の人たちは息を弾ませながら、嗤(わら)っていた。随分長い間殴られた。猫と違って全然優雅じゃないなあと思う。ぼんやりとそう考える。私だって鼠より、ずっと無様だからおあいこなんだけど。猫の前脚に飛ばされる鼠は、とても静かだったもの。綺麗な弧を描いて、一メートル以上は飛んだ。
　棒が頭にめり込んだとき、世界の色が変わった。鼻の奥に油臭いような嫌な臭いが広がった。世界の上下が分からなくなった。
　あ、私、壊れたんだ。
　ひきつけを起こしているような嗤い声が響いている。どこかで聞いたことがある声だ。

　もうずっと前、まだ私が小さかった頃、道で大勢の男の子たちが、大きな蛙(かえる)を追い回していたのを見た。傘でばんばん叩いて、そして車道の真ん中に追いやっていた。蛙を助けたいと思ったけど、身体が動かなかった。私はその男の子たちが怖かった。止めたりしたら、きっと蛙の代わりに私が殺される。
　小雨が降って、もう暮れかかっていた。近づく車のライトで、蛙の姿がはっきりと見えた。顔を上げて口をパクパクさせて、狂ったように嗤い転げる子供たちを、見上げていた。その目には憎しみも、恐怖もなく、ただ静かだった。
　あの時、あの蛙の目はきっと、「面白半分」のもう半分側を見てしまったんだと思う。まるで子供たちを可哀想に思っているような、ちょっと哀しくて優しい感じにも見えた。通り過ぎていく車の音、悲鳴ひとつ上がらない最期の瞬間、子供たちの歓声だけが響いていた。

今と同じ、ひきつけのような嗤い声だ。

闇に沈んでいこうとする意識を、焼け付くような痛みが引き戻す。これは私の中の命の力だと思う。生と死とが力いっぱいに私を引き裂こうとしている。

からん、と音が妙に遠くに聞こえた。私を叩いていた棒が道に転がる音だ。私を叩くのにも飽きたんだな。倒れたまま、足音が遠ざかるのを待った。
もう立ち上がる体力もないし、支える骨もすっかり駄目になっていたから、這って家に戻った。掌に握りしめていた桑の葉はくしゃくしゃになっていた。蚕、嫌がるかな。でも、もう桑畑には行かれない。潰れた桑の葉は蚕の匂いがした。

家に入ると蚕はせっせと糸を吐き出し始めていた。繭になって、蚕蛾(かいこが)になる準備をしている。
何だ、もう、桑の葉、いらなかったんだ。
私は何だか嗤いたくなった。殴られ損だったのに、ひどく可笑しかった。
蚕は動きを止めた。こちらを見ている。
蚕の声が頭の中に響く。私の脳細胞がそれを翻訳するのに、少しの間があく。

終わらせる。

何を？

私の命かな、と思った。もう蚕にとっても私、役にたたないし。桑の葉もいらないし。蚕は蛾になったら、口がない。何も食べない。

また、何かが響く。

終わるのは、この世界。
今、目の前にあるこの世界。

どうして?

私は別にいいけど。もう、二度と起き上がれる気がしないし。
でも、困る人もいると思うな。
そうか。
きっと蛙やお馬や私が壊されたのと同じ理由だ。
例の面白半分てやつで、世界も終わるんだ。
面白い、の、もう半分が何だったのか、今なら少しだけ分かる気がした。

猫が隣に来て丸くなった。傷が焼けるように熱かったけれど、身体の奥底の方は冷たく冷たくなっていった。血がなくなってきているんだ、きっと。手探りで何かを身体に巻き付けたら、それはお馬の皮だった。
お馬の匂い、私の血の匂い。
眠くなる。

世界が終る日、蚕は繭になった。猫は傍らで丸くなった。私はお馬の皮にくるまった。蚕の声は聞こえなくなったけれど、蚕が紡いでいく繭と私は重なりあっているみたいだった。

不思議だね。こんな小さい繭の中に、私がいた世界よりずっとずっと大きな宇宙がある。
無限の真ん中で、永遠の広がりの中で私は変化している。骨は折れて、皮膚は破れて腫れ上がって、ぐしゃぐしゃしていて、私の形はもう元のようではなくなっていて、そして、新しい形になっていく。
蚕と同じ。蚕だって、脱皮の度にこんなに苦しかったのかもしれない。変化するのは大変なんだ。

口は閉じられていく。歯はほとんど折れているけれど、もう食べることはいらな

いから大丈夫。お腹は膨れていく。この中に卵が宿る。小さな新しい宇宙たち。
背中に生える羽はとてもとても小さくて、きっと何処にも行かれない。
そう、どうして何処かに移動する必要がある？　ここには世界のすべてがあるんだから。
宇宙はみっしりと濃くなっていく。閉じられた中で育っていく。生まれ出る瞬間を待ちながら。
闇の奥底から手繰りよせた夢を紡いだ糸、一本の丈夫な白い糸で、
螺旋、螺旋、螺旋、
　らせん
お馬そっくりの頭をぐるぐると動かして、蚕が丁寧に編んでいった、宇宙の保護膜。
この繭が破れてしまったら、繭の中の宇宙が溢れ出てしまったら。
　　　　　　　　　　　　　　　　　　　　あふ
外の世界は、大丈夫なのかな。
お馬の皮を剥いでくれた長老の顔を、お馬や私を叩いた人たちの顔を、桑畑の持ち主の人の顔を思い浮かべる。
古い世界が萎んでいく気配を感じる。それは、脱皮した蚕の抜け殻に似ていた。
蛙の静かな目を思い出す。

世界の終わりの日、私たちはここにいる。
ここに蚕がいる。猫もいる。私はお馬に包まれて繭になる。
猫はいつもの通り、とても綺麗だ。世界の終わりと新しい始まりとを見守るのは猫の役目だ。空色と星の色との瞳で。
私も終わってしまう。私はもう、私でなくなってしまう。
でもね。
最期の時に好きなものたちと一緒にいられるなんて、これ以上幸せなことは、ない。

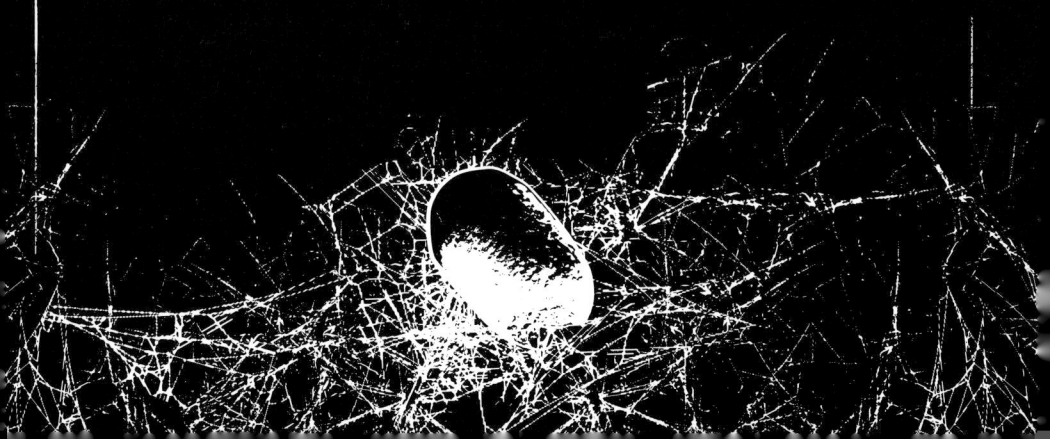

夢の子供

　蔦の絡んだ煉瓦造りの古い洋館。ここが診療所だったのはもう遠い昔のことだ。木製の看板はすっかり朽ち果てている。ガーゴイルが飾られた門も錆び、庭の樹木も鬱蒼と繁り、家は薄闇の中でひっそりと存在している。かつては美しく咲き誇っていた小さな薔薇園も手入れする人を失い、野生化している。それでも季節には棚が傾くほど傍若無人に伸びた蔓に、小さな純白の花を溢れる程咲かせる。

　この家には秘密が沢山あって、十三歳のリンはそれをたった一人で守っている。

　ドクターと呼ばれるリンの父親は地下室で眠っている。無機質な硝子の柩の中で。もう二年になる。もともと変わり者で、ここ十年位はほぼ研究室から出ることがなかったドクターの姿が見えないからといって、気にかける者はいない。

　ドクターは何も食べないし、動くこともない。呼吸すらしている様子もない。だが、腐敗したりその姿を変えることはない。髪も髭ものびることはない。ドクターは、ドクターのままだ。変わらない。

　ドクター自らその硝子の柩に横たわり、深い眠りに入った。リンは父親の意志を尊重して、その眠りを見守り続けている。これは勿論、秘密だ。

　ドクターの地下室には、用途の分からない機械や、鋸、地獄絵にでも出てきそうな古くて巨大なペンチ、焼き鏝、汚れた拘束具、鎖のついた足枷、不気味な笑みを浮かべた鉄の仮面、それに有名なところでは鉄の処女、ギロチン、ファラリスの雄牛なども無造作に飾られている。これらはレプリカだろうけれども、棘の鋭さや刃の輝き、雄牛の造りの頑丈さなどを見るとどれも「ちゃんと使える」ように思える。この辺りはドクターの趣味による秘密の蒐集品なのだろう。

　この世に存在していたとも思えないような生物がホルマリンで満たされた瓶に封じられ、化石や鉱物、骨格標本とともに並んでいる。尖ったものや刃物、錆びたものは子供には危険なので、リンは決して手を触れたりはしない。柔らかな羽のハタキで埃を払うくらいだ。化石や標本は時々そっと手にとって眺めたり、並べ替えて遊ぶことはある。オパールと化しているアンモナイトや樹木の化石に宿る玉虫色の光は実に見事だ。

　リンには弟がいる。これが、最大の秘密だ。彼はホムンクルス、というものらしい。ドクターが人工的に造った命だ。リンより二年遅れてこの世に産まれた。戸籍はない。この世に彼がいることを誰も知らない。だが、リンにとっては大切な弟だ。大きさは新生児より二回り小さい位で、それ以上成長はしていない。目を閉じて、いつも眠っているように見える。彼にも名前が必要だとドクターに進言したのは当時七歳だったリンだ。ドクターはリンの好きにつけるように許可し

てくれたので、空(そら)と名付けた。
　ホムンクルスは色白で、髪も白く、全体的に色素に乏しい。透き通るように美しい男の子だ。一度だけ目を開けたのを見たことがあるのだが、瞳は紅色(くれないいろ)だった。夕焼け小焼けの空の色。きっと、真っ白な兎(うさぎ)と同じ理由で眼が紅(あか)いのだろう。
　空は無限に広がる叡智(えいち)とつながっている、という。
　その空が「ドクターは眠っている」、というのだから、きっと父は死んでいないのだと思う。空は何でも知っているのだ。しかも学習した訳ではなく、生まれつきすべての知識を持っている。自分では一歩も動けはしないけど。
　空が硝子の城から出られないのと同じで、ドクターも眠りの城から出てこない。空によると、ドクターは永い永い夢を見ているのだそうだ。何の夢、と尋ねると「森羅万象」と答えた。空にはドクターの夢までよく見えているのだ。具体的にどんな夢なのかイメージすることは難しいけれども、何だか楽しそうだ、とリンは思う。
　リンは戸籍もあるし、学校にも通っている。リンが常に心掛けていることは、とにかく目立たない存在であること。誰からも興味を持たれないこと。秘密を守るためにはとても重要なことだ。どうでもいい人間ならば、どう暮らしていても放っておいてもらえる。今のところ、概ね成功している。学校の外まで一緒に遊ぶような友達はいないが、誰とも争ったことはない。何の問題もおこさない、中の上の成績をおさめている大人しい少女に特別な関心を払う者はいない。
　リンには母親がいない。記憶にある限り、いたことはない。亡くなったのか、出て行ってしまったのかも知らない。母親というものがどんなものだか全く分からないので、いたらいいのに、と思ったこともないし、いなくて寂しい、と感じたこともない。誰かに母親のことを尋ねられたときには、何の感情もこもらない声で目を伏せて「全然覚えていないの」とだけ答える。それ以上、追求されたことはない。
　家事の類はリンが生まれる前から、この家に通ってきている年齢不詳の男性に任せている。Ｉさんと呼んでいる。本名は知らない。愛想は全くないが、決して余計なことは言わず、余計なことには手を出さず、黙々と仕事をして帰っていくこの人をリンは好きだ。信頼していると言ってもいい。エプロンの代わりのように、いつも白衣を着ている。長い黒髪を無造作に後ろで束ね、映画に出てくるマッドサイエンティスト風だ。
　とにかく料理の腕前が素晴らしい。一日天日干しにして良い香りを引出したきのこのソテーとふわふわのオムレツ、黒胡椒(くろこしょう)をたっぷりかけて、表面がカリカリになるまで焼いたレバー、ごくごく低温でゆっくりと蒸した野菜のサラダ、ネギと

ジャガイモの滑らかなポタージュ、コアントロー味のカスタードクリームをたっぷりのせた薄切りのトースト、薔薇とサフランの香りのインド風アイスクリーム、どれも絶品だ。そして、彼が淹れるココアはまさに芸術だとリンは思う。

いつか、この人が来なくなることだって有り得る、例えば病気や事故で。もしくは、信頼を裏切った場合、どう対処するか、リンは決断しなければならないだろう。あらゆる不測の事態に備えておかなければならない、と健気に思いつつ、そんな日は来ないことを密かに願う。

リンは月に一回、Ｉさんの口座に決められた金額を送金している。口座名はＩで始まる名ではない。どちらにせよ、偽名なのだろう。

ドクターのパソコンを使えば、手続きは簡単だ。子供が銀行に行って、大金を動かすなんて目立つことをする必要のない時代でよかった、とリンは思う。お金だって世話が必要なのだ、ということもリンは空から習った。まめに世話をすれば、お金はお金を産むのだ。ドクターの名前の影に隠れて、リンは財産管理という仕事に励む。公にはドクターは未だにこの家の世帯主であり、リンの保護者である。

それから、定期的に血液のパックが届けられる。リンはまた決められた金額を振り込む。これは弟の糧になる。保冷庫に管理して、定量を空に与えるのもリンの役目だ。

これは何の血だろう、とリンは考える。やはり人間なのだろうか。送り主の住所と会社名は調べてみたが、架空のものだった。入手経路は追求してはいけないのだろう、と思う。

ここの地下室を維持するためには、きっと、法律の一つや二つは無視しなければならないのだ。現世の理（ことわり）が通用しない世界なのだから仕方がない。静かで小さな異世界、こちら側とあちら側を迂闊に混ぜたりしなければ、問題は起こらない。リンはその番人だ。

もし血液の供給が止まってしまったら、どうしたらいいのか、と時々考える。リンだって人間なのだから、一部は自分の血を与えてもいいのだろうけれど、それだけでは足りない。外にはこんなに大勢の人間で溢れているのだが、その血液を手に入れるのは容易ではない。頭の痛い問題だ。だから、無事に荷物が到着する度、リンは心底安堵（あんど）する。

いつか、この家に、もしくはリンに興味を持つ人間が登場する可能性はゼロではない。悪意を持ってか、善意の塊で近づいてくるのか。どちらにしても厄介なことには変わりはない。リンは沢山、本や映画で学んでいるのだ。

ここを護るためにはどうしたらいいのか。まずは、そう、武装しなくてはならない。
　近づいてくる人間がいたら、上手く言いくるめて追い払う。理論武装。これで回避できれば、一番無難だ。
　もしそれでも強引に入り込んでこようとするなら。リンだけの力で戦うことはできるだろうか。映画で見たシーンを思い出す。非力な女子供が戦うためには、毒を用いるのが多分、一番現実的だ。
「ねえ、空君、うちにもアーモンドの香りのするお薬ってあるかな」
　空はリンの問いには必ず答えてくれる。嘘をついたり、ごまかしたりすることはない。空からリンに話しかけてくることはない。多分、できないのだと思う。
「分かっているって。最期の手段、ていうやつ」
　アーモンドの香りのする薬は手で触れても危険だということ、空気に触れるとだんだんにその効力が損なわれることをリンは知る。
「とにかく、家にあるって知って安心した。ここに近づく人がいつ現れないとも限らないからね。空君とドクターは私が護る」
　地下室はいつもとても静かで、安全だ。ここで動きまわっているのは、リンだけ。この小さな世界はドクターの「夢」そのもののようだ。ドクターの永い永い夢の中で、リンは空との会話を楽しむ。リンが問いかけ、空が答える。空の小さな硝子の城の中に、無限の叡智が広がってるのだと思うと、とても贅沢な気持ちになる。リンが成長していけば、空から受け取れる言葉も増えていく。
　昨日より今日、今日よりも明日、と。

　平和が乱されたのは、冬休みに入る直前のことだった。学校から帰って地下室に行きドアを開けた途端、リンは息を呑んだ。
　男がいた。
　黒ずくめの服でドクターの机に座り、書類を眺めている。入ってきたリンを見ても慌てる様子もなく、屈託のない笑顔を向けて立ち上がった。
「お邪魔しています」
「誰？何処から入ったの？」
　男はキーホルダーを振ってみせた。二つの鍵がチャリチャリと音をたてる。玄関のと地下室のと。
「ドクターに貰った」
「いつ？」
「十五年位前かな」

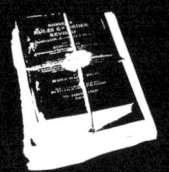

リンが生まれる前だ。リンは機嫌を損ねて口を噤んだ。
「君、リンちゃんだよね」
　リンは黙って相手の眉間、咽喉、鳩尾のあたりを視線でなぞる。急所に意識を集中させているのだ。
「君が一人で世話しているんだよね。とても状態がいいよ。ドクターもホムンクルスも。まだ子供なのに本当によくやっているね」
「ホムンクルスとか言わないで。この子は空っていうの」
「ああ、名前があるんだね。失礼」
「で、貴方は一体誰なの？」
「そうか。覚えている訳ないね。君が小さい頃には何度も会っているんだけどね。今、ここに血液のパック送っているのは僕」
「ドクターの友達？」
「まあ、そんなとこ、かな。ホムンクルスを創るのは、ドクターと僕、二人の夢だったんだ」
　リンは混乱していた。こういう形で調和が乱されることは全くの想定外だった。どうやら味方、らしい。だが、全くリンは気に入らなかった。ドクターに友達がいるなんて、聞いていない。十五年以上前からずっとドクターとともに研究をしていたとすれば、もう四十に手が届く頃だろうけれども、リンには男性の年齢など、さっぱり分からない。
「ここに来るのは初めて？」
　リンの問いに男はあっさりと首を横に振る。
「時々、来ていたよ。ホムンクルスのメンテナンスのためにね。あと、資料やデータの整理も必要だし。ドクターが寝たきりだから、研究も進めるのはもう僕しかいないんだ。気が付いてなかったでしょ。最初、君に会うつもりはなかった。君のことは失敗作だと思ってたからね」
　表情を変えるまい、としたけれども、失敗したようだ。微かな揺らぎに気が付いた男が嬉しそうに嗤う。
「本当は君もホムンクルスになるはずだったんだよ。知ってた？ホムンクルスってね、人間の精液を蒸留して創るわけじゃないんだよ。人間として完成する前の胎児を使うんだ。無限に広がる叡智を宿す器としてね。でもね、君は普通の人間として育ってしまった。だから失敗作」
　今度は無表情を通すことに成功した。

「と、今までは思っていた。でも違っていた。君はホムンクルスと繋がっているんだね。空君と話すことができるんだね」
　男は資料の束をトントンと叩きつつ、得意そうに言う。
　So what?
　唇の動きだけで答える。
　リンにとって、ここは世界のすべてだった。そこに無断で踏み込んできた男が、この世界について自分よりも知っているような口ぶりなのは本当に気に入らない。
「叡智を宿しているのは物言わぬ胎児、そして繋がっているのは永い永い眠りについているドクターとそして、君。ね、一番話が通じそうなのはリンちゃんだよね。これからは僕に協力してくれるよね？　そうすれば、きっと何もかも上手くいくよ」
「私たち、貴方と話したくないわ」
「そう？　僕なしでどうやって空君のメンテナンスするのかな？　この装置を創ったのは、ドクターと僕なんだよ。例えば血液は何処で手に入れるつもり？ここに子供だけで住んでいるなんて知られたらどうなるかな？リンちゃんは何処か施設に送られる。そうしたら、空君は何処かの研究所にでも連れて行かれて。そうなったら生きてはいられないよね。解剖されて標本にされちゃうかもね」
　一息に喋った男は、パチンと音をたててナイフを開いた。装置に歩み寄り、不気味なほど人懐っこい笑顔でリンの顔を覗（のぞ）きこむ。
「ねえ、今、もしも、だよ。配線のこことここ。プチンと切ったら、どうなるか。リンちゃんに分かるかな」
　敵だ、とリンは思った。背筋がぞくぞくとする。動悸が早くなる。落ち着け、と自分に言い聞かせる。男は微笑んでいるが、声が低くなっていた。ナイフを揺らしてみせる。
「やめて、空が死んじゃう」
「リンちゃんが僕の言うことを聞いてくれれば、そんなこと、しないよ。ね、子供は大人の言うことをきいていれば安心なんだよ。僕はドクターの友達で君たちの味方だから。ここで必要な人間なんだ。空君に必要な血液だって、ちゃんと調達してあげるし」
　リンは目を伏せたまま、ゆっくりと視線を巡らせた。何とかなるはずだ。ならないはずがない。空とドクターはリンが護る。そう決めたのだ。
「そうだ。僕がずっとここにいてあげてもいいよ。僕は医者だし、いろいろと便利だと思うけど。度々、ここに通ってくるのも結構面倒でね」
「ここにずっと？家族いないの？」

「一人っきりだよ。君と同じ。寂しい人間同士、仲良く暮らそうよ。嫌だと言ってもここの地下室は僕なしではやっていけないんだよ。アーモンドの香りのする紅茶なんか出さないことだね」
　同じ映画を見ているらしい。リンは項垂れた。男がリンの頬を撫でて、片手で顔を上向かせる。
「反抗的な態度はなしにしようね。ほら、見て。この地下室には随分面白い道具が並んでいるよね。使い方、知ってるかな？　こういうの見ていると、試してみたいって思わない？どう？」
　拷問具、拘束具や足枷の方にリンの顔を向ける。リンは身震いをした。
「お金だって、子供が管理しているのは感心しないな。任せてもらえるかな？悪いようにはしないよ」
「お金だったらあげるよ。だから、空を、私の弟を傷つけたりしないで」
　リンは身に着けていた通帳数冊を手渡し、涙を浮かべて哀願した。男は相好を崩した。
「いい子だね、リンちゃん」
　通帳のページをめくり詳細にチェックしている。
「それで全部だよ。印鑑は机のとこにある。隠してなんかないから。ね、これで空のこと、大切にするって約束してくれる？」
「勿論。リンちゃんのことだってちゃんと大切にしてあげるよ。いつも僕の言うこときくならね」
　男は反対の腕でリンを抱き寄せた。その手にはまだナイフが握られている。嫌悪を抑えてリンはぎこちなく微笑んだ。とにかく、この男を空のお城から引き離さなければ。
「先刻、貴方が座っていた椅子って、ドクター専用だったの。ドクターが眠りから醒めるまで、絶対誰にも座らせないつもりだったんだ」
　リンは静かに言う。
「ああ。この椅子のこと？」
　男はゆっくりと黒い椅子に戻り、上質な革を撫でる。肘掛けには不可思議な模様が施されている。リンの顔を見ながら、これみよがしに腰かけてみせる。
「でも、貴方にあげるわ」
　溜息をついて、再び項垂れるリンを男は満足そうに眺める。
「このボタン押すと、足載せが上がるの、こっちがリクライニング」

リンは足元に膝まずいて、リモコンを見せながら、説明した。
「悪くないでしょ？」
「うん、さすがに立派な椅子だ」
「でね、こっちのボタンを押すと」
　リモコンの蓋を開いて隠しボタンを作動させたリンは、くすくすと笑った。
「貴方はもうその椅子から立ち上がれないわ」
　いきなり座面が落ち、肘掛けと足載せが狭まり、男は態勢を崩したまま、椅子に捕えられた。ナイフが床に転げ落ちた。
「何をする‼」
　男の顔色が変わった。
「ずっといてくれるんでしょう？」
　リンは無邪気な顔で言う。敵が来ることは、想定していた。入り込んできた男を味方として遇しなければならない、と思ったときには困惑した。だが、敵なら大丈夫だ。容赦なく対処できる。
　空が笑ったように見えた。
「先刻、こういうのって、試してみたくなるって言っていたじゃない。使い心地、どう？」
　リンは冷静に手早く、男の腕、足、腰、咽喉を順にベルトで固定していく。
「ふざけるな。すぐにこれを外しなさい。さもないと」
「さもないと、なあに？」
「ホムンクルスがどうなってもいいのか」
「どうかなったとしても、別に空は困らないと思う」
　リンは悠然と微笑む。
「空の中にあるのは、すべての叡智。空は永遠、空はこの世のすべて」
　男は落ち着かなくなった。
「ここにすべての叡智が宿っているのは、まさに奇跡よね。空、という器に叡智をとどめたのは確かに、ドクターと貴方の手柄だと思うわ。私と空はドクターの夢の子供たち。でも、この器を失っても、空は永遠なのだから、全く困らない。解き放たれるだけのこと。困るのは貴方の方。独りで叡智を捕まえられるとでも？」
　喋っているのは自分ではないような気がしてきた。
「私たちはとりあえず、今のこの世界が気に入っているの。護るためなら、何でもするつもり。貴方が本当に必要かどうか、考えてみたの。それでね、やっぱり必要だと思ったの」
　リンは拾い上げたナイフを男の目の前に翳してみせる。

47

「貴方の血をちょうだい。空を養う糧として」
「やめろ」
　男が蒼ざめていく様子をリンはにこやかに見守った。
「ああ、鉄の処女も試してみたいの？あれならば、沢山の血が採れますね。でも、一気に搾り取っても鮮度を保つのが難しくなるから、注射器で採血させてね。診療所にあったやつ。ちょっと古いかもしれないけど、まだ使えるわよね」
　男の叫びが意味を失った。ごっこ遊びをしているような笑顔で、リンは注射器を持ち出した。
「こう見えてもドクターの娘よ。採血くらいすぐ上手になるから怖がらないで。子供だけど、財産管理だって、手慣れたものよ。貴方の費用もちゃんと計上してあげる。お部屋も作らないとね。地下牢なんて、考えただけでわくわくしない？隣の部屋が空いているから、模様替えして、それらしくしなきゃ。Ｉさんに頼んで、貴方のために栄養のある美味しいもの沢山作ってもらうわ。レバーとかホウレンソウとか血がいっぱい増えそうなやつ」
　リンは弟のガラスの城を軽く指で叩いた。ハイタッチの代わりだ。
　空が笑った。
　目をぱっちりと開いて、今度ははっきりと笑った。空の笑顔はとても可愛い。紅の瞳がルビーのように美しい。
　空はドクターの夢の中で生きている。ドクターは、空を通して森羅万象を旅する。リンは空の言葉を受け取る器であり、ドクターの夢の中に棲みつつ、その眠りを護るものであり続ける。騙し絵のように、美しい円環をなす地下室の世界。
「地下牢の準備とか、この先のこと考えるとやっぱり男手が必要よね。Ｉさんに後でお願いしてみよう」
　白衣を着ていつもてきぱきと仕事を片付けるＩさんの姿を思い浮かべる。頼りになりそうだけれども、話を切り出すのは慎重にしなくては。どんなリアクションをするか、予測がつかない。あの無表情が崩れるとは思いにくいが。
「Ｉさんが私たちの敵にまわることがないように、祈るわ」
　リンは針先を見つめながら、まじめに言う。
「あんな芸術的なココア淹れられる人なんて、他にいないもの」

Fair is foul, and foul is fair

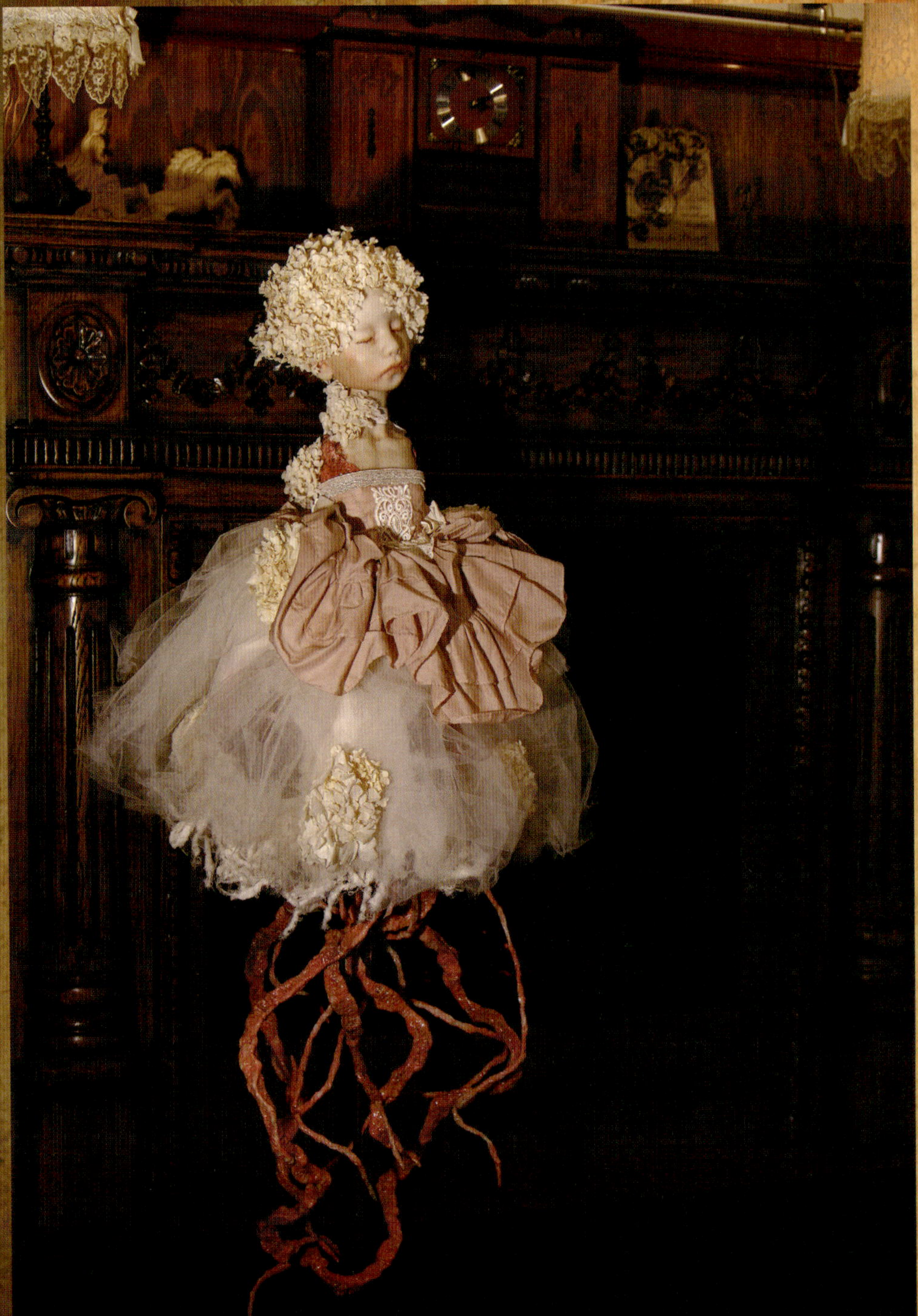

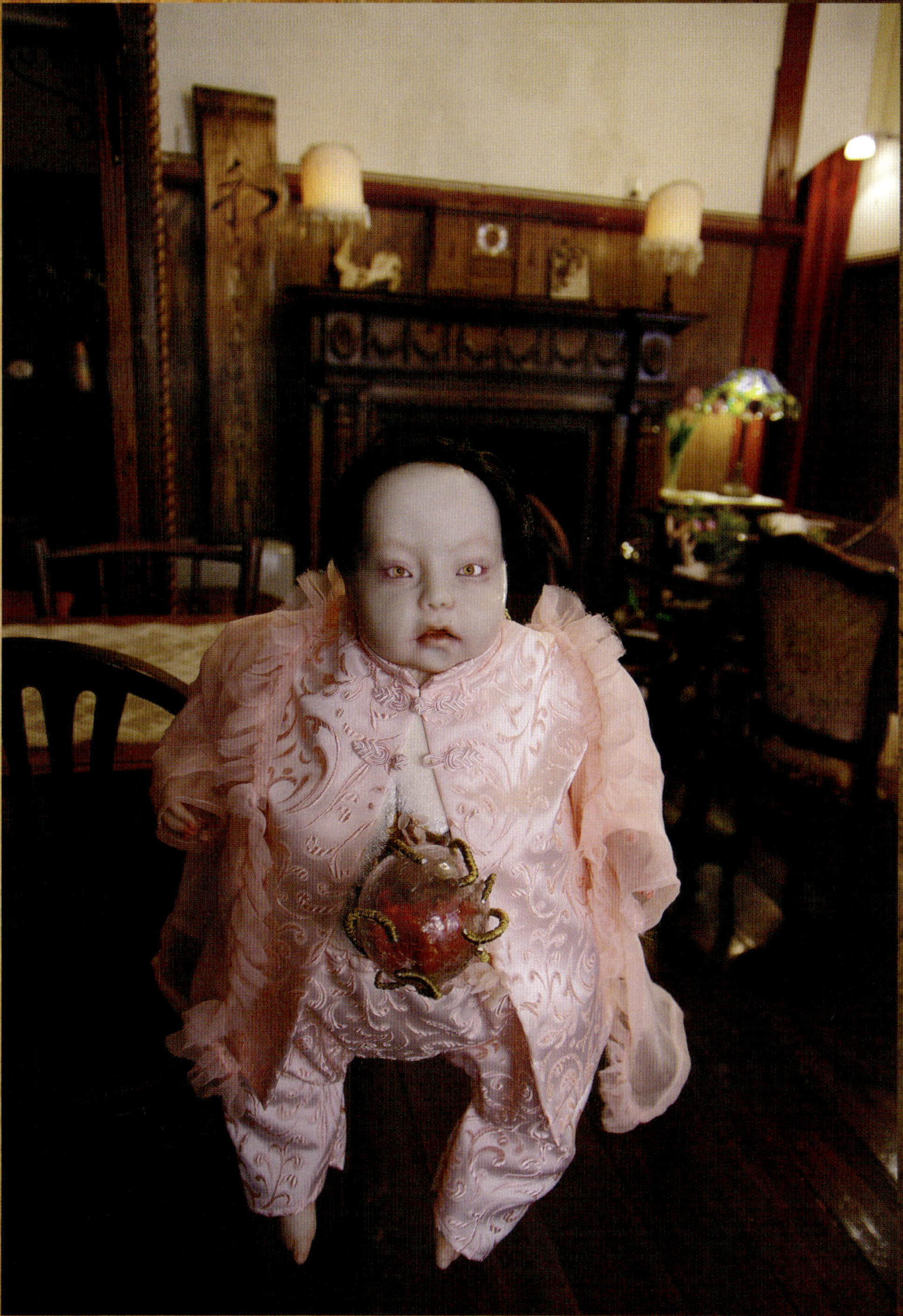

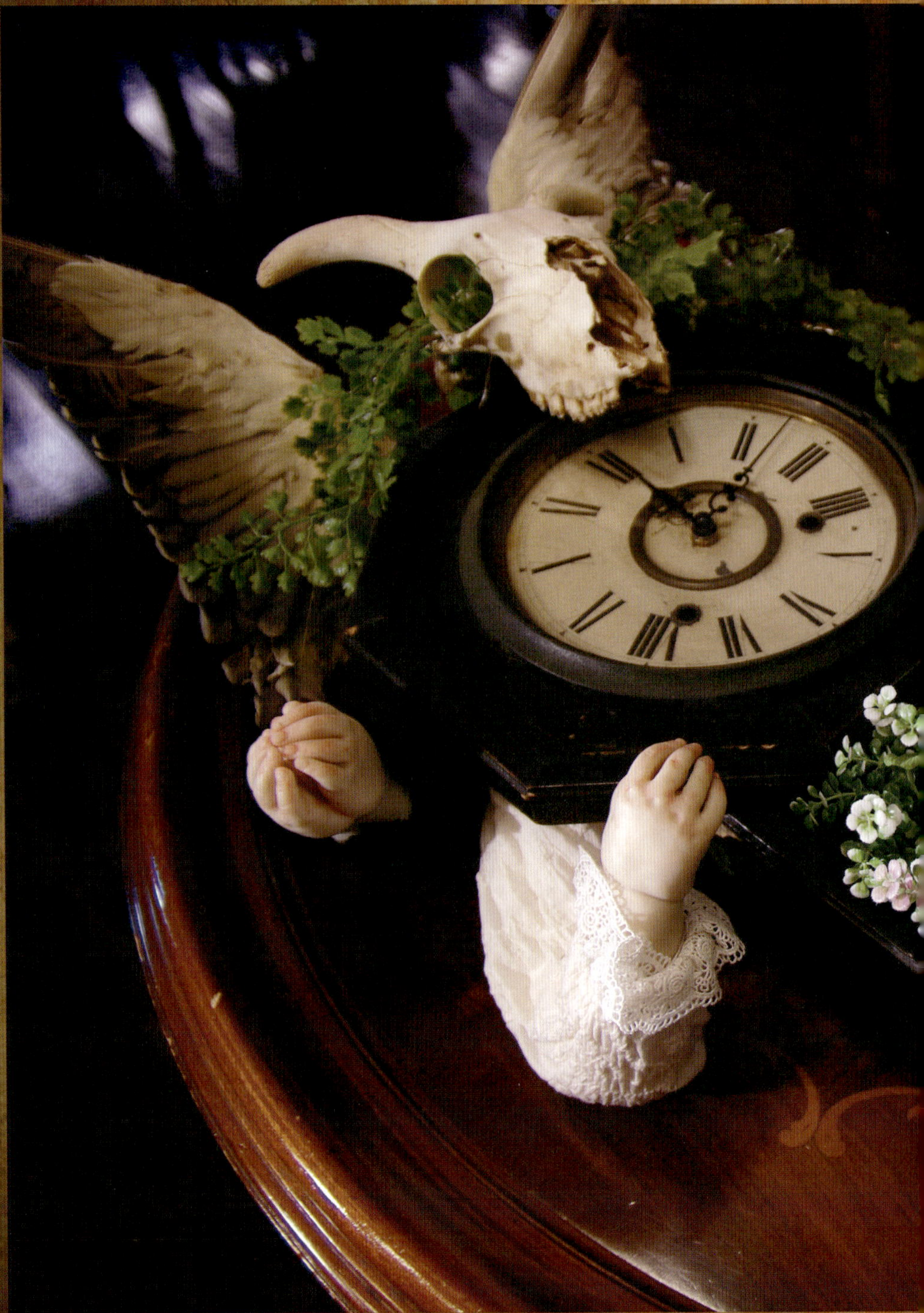

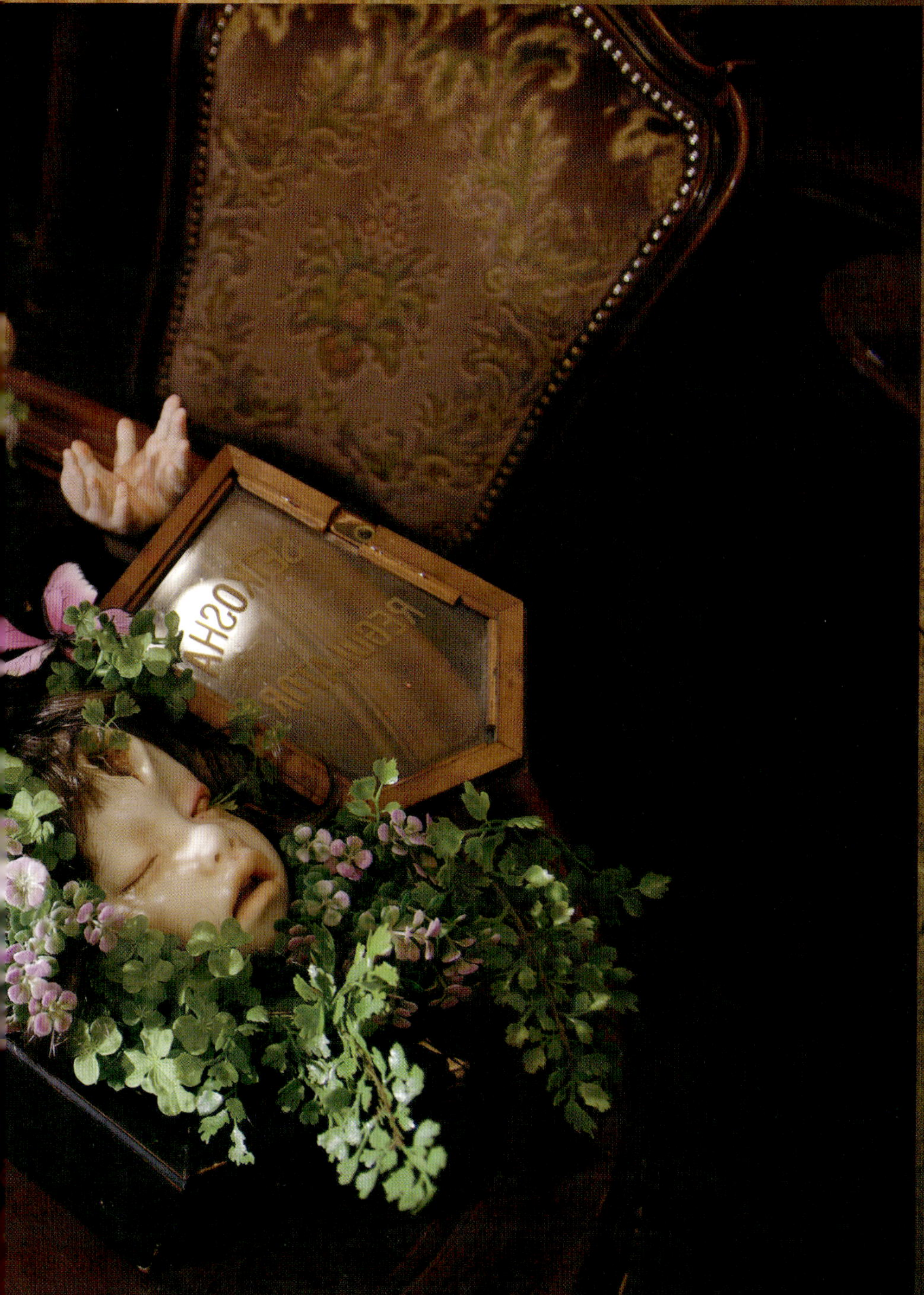

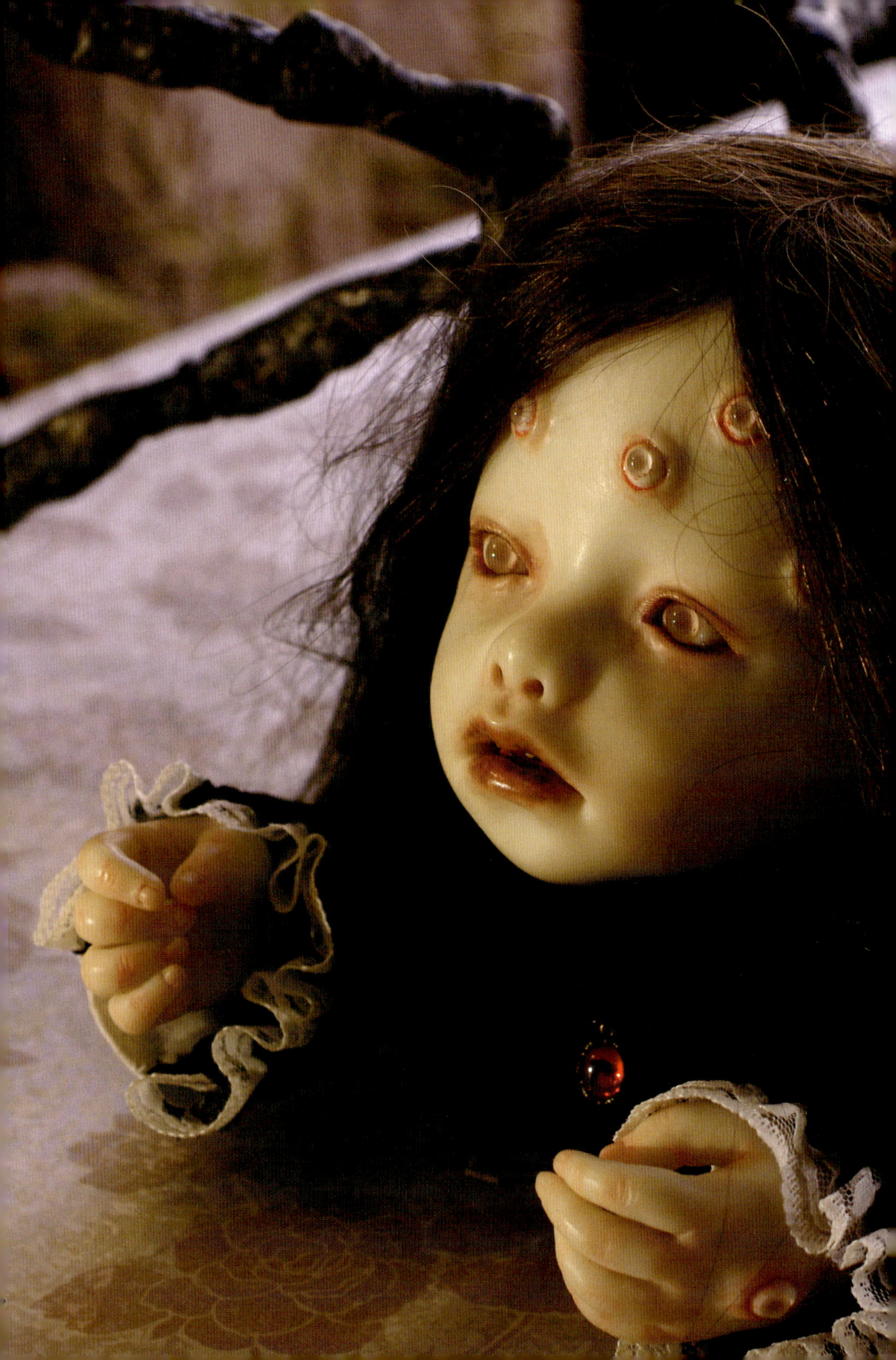

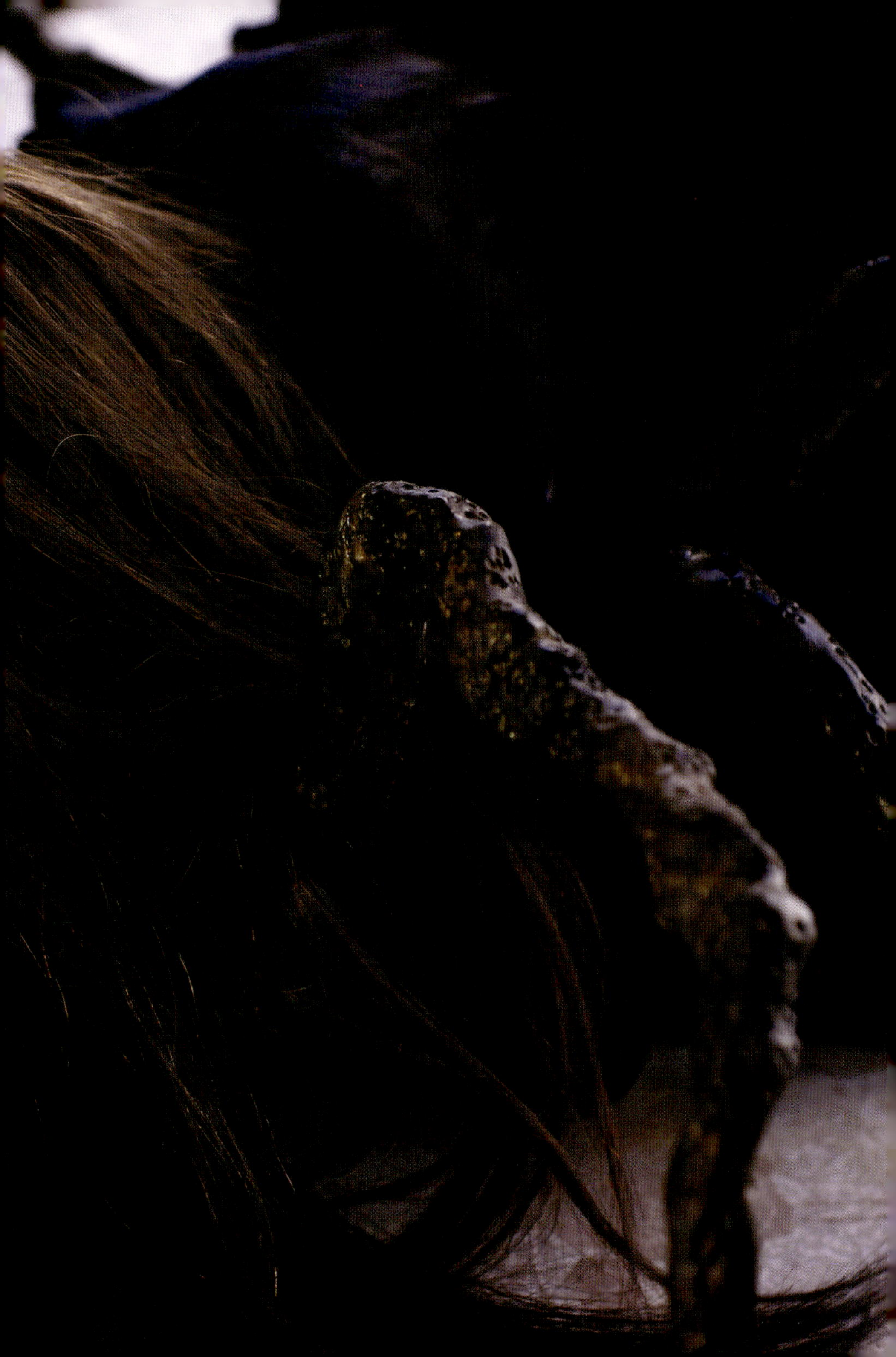

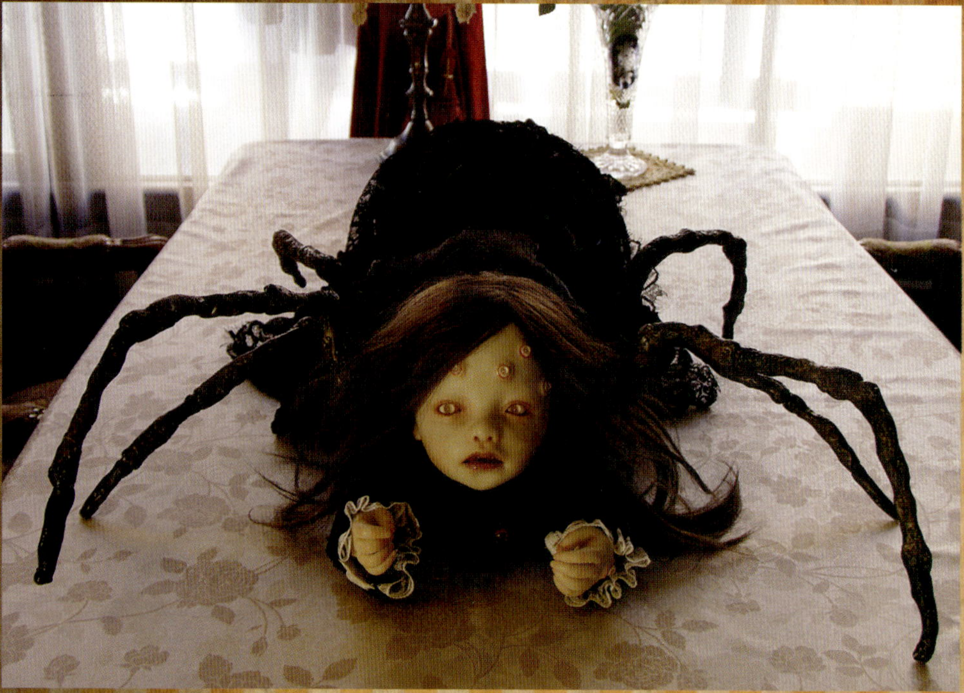

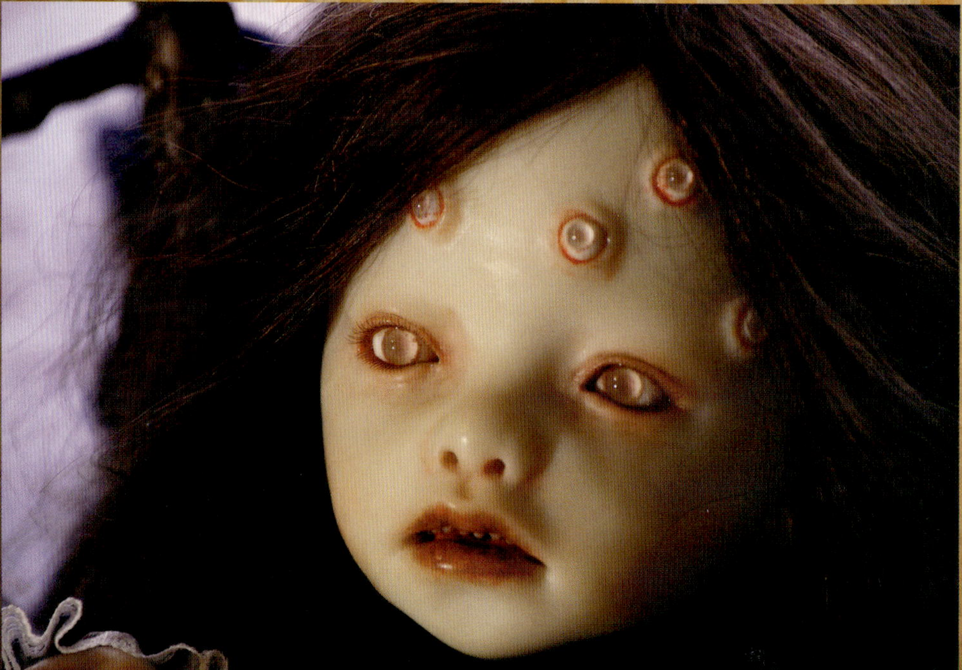

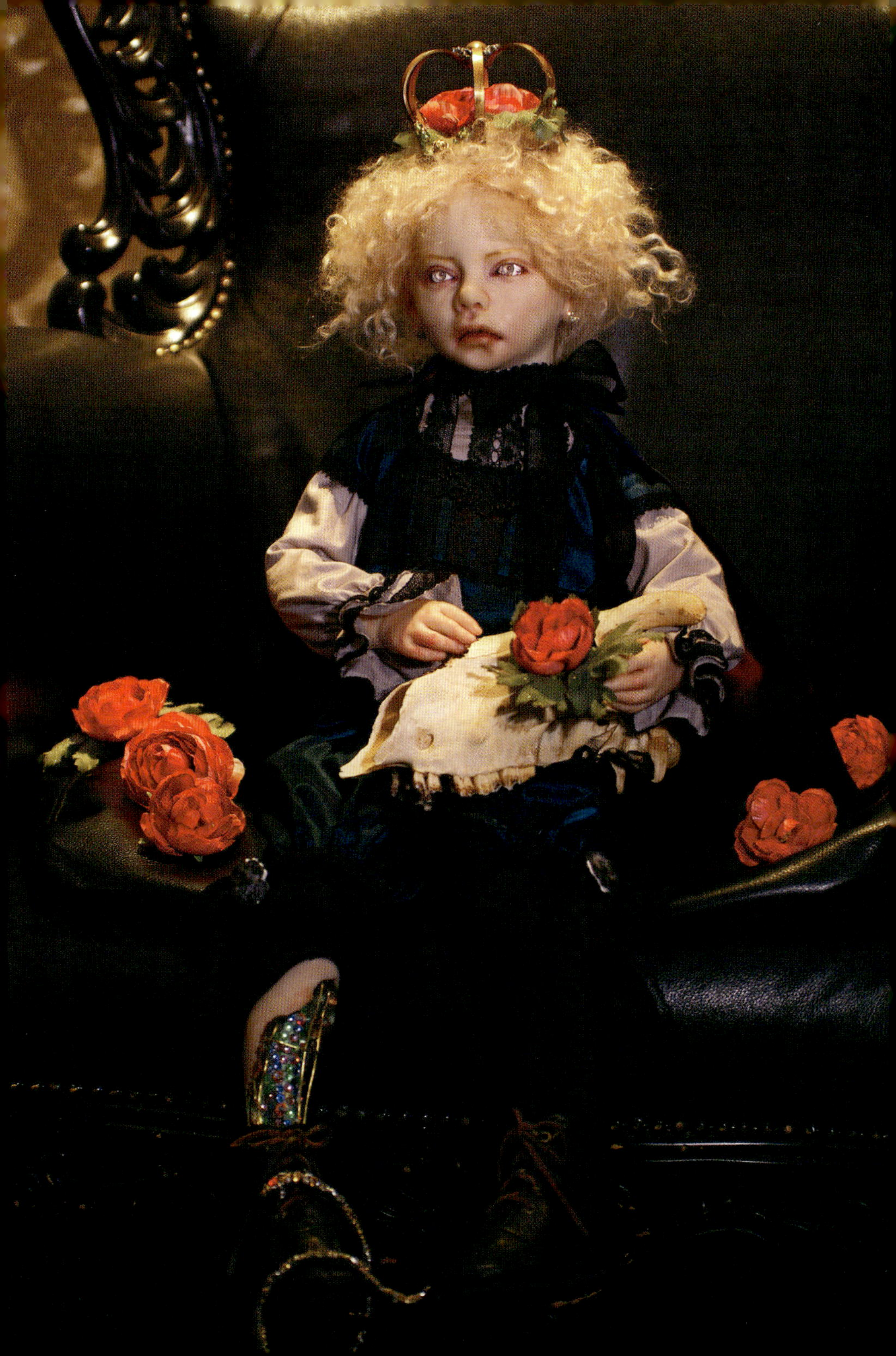

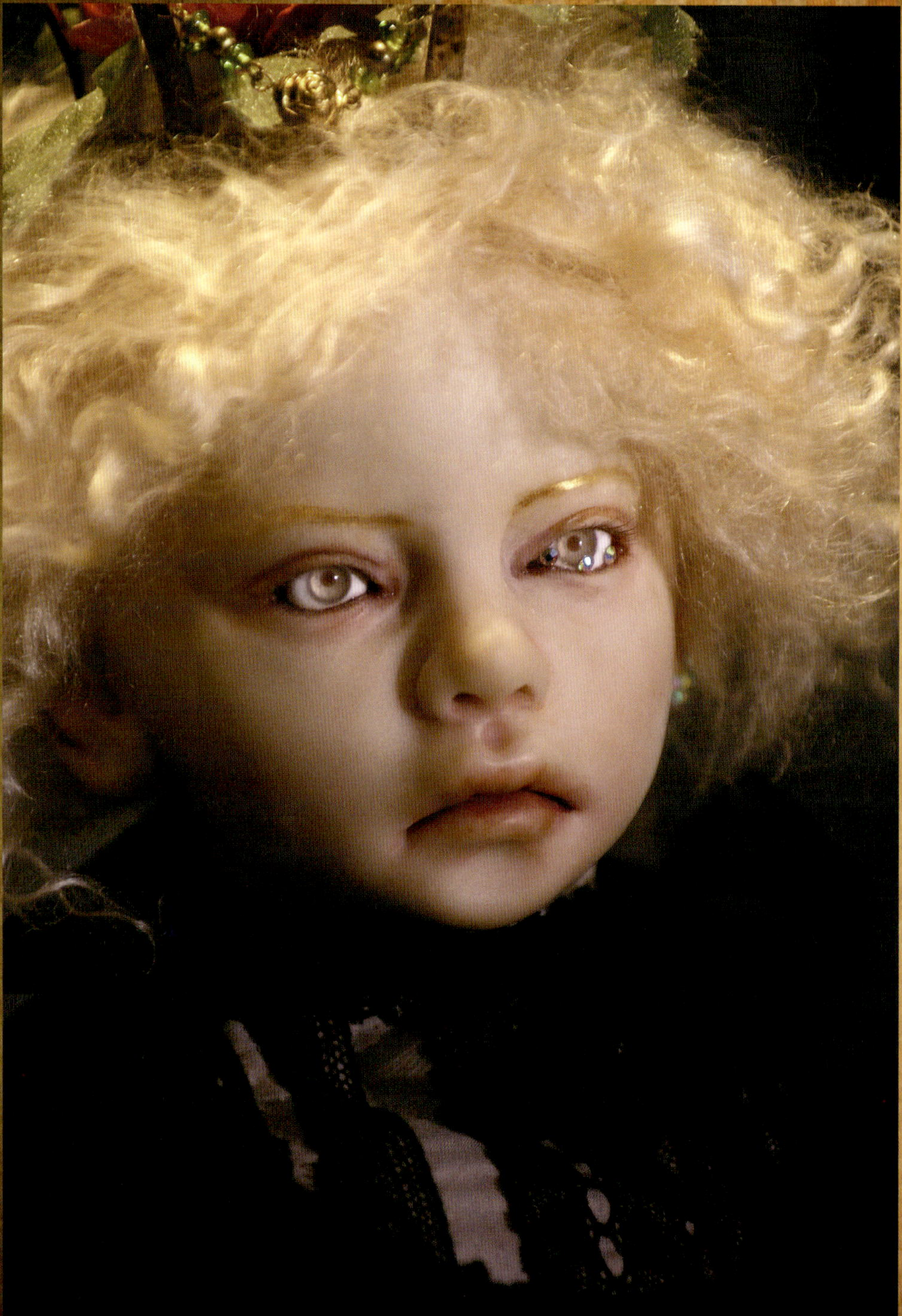

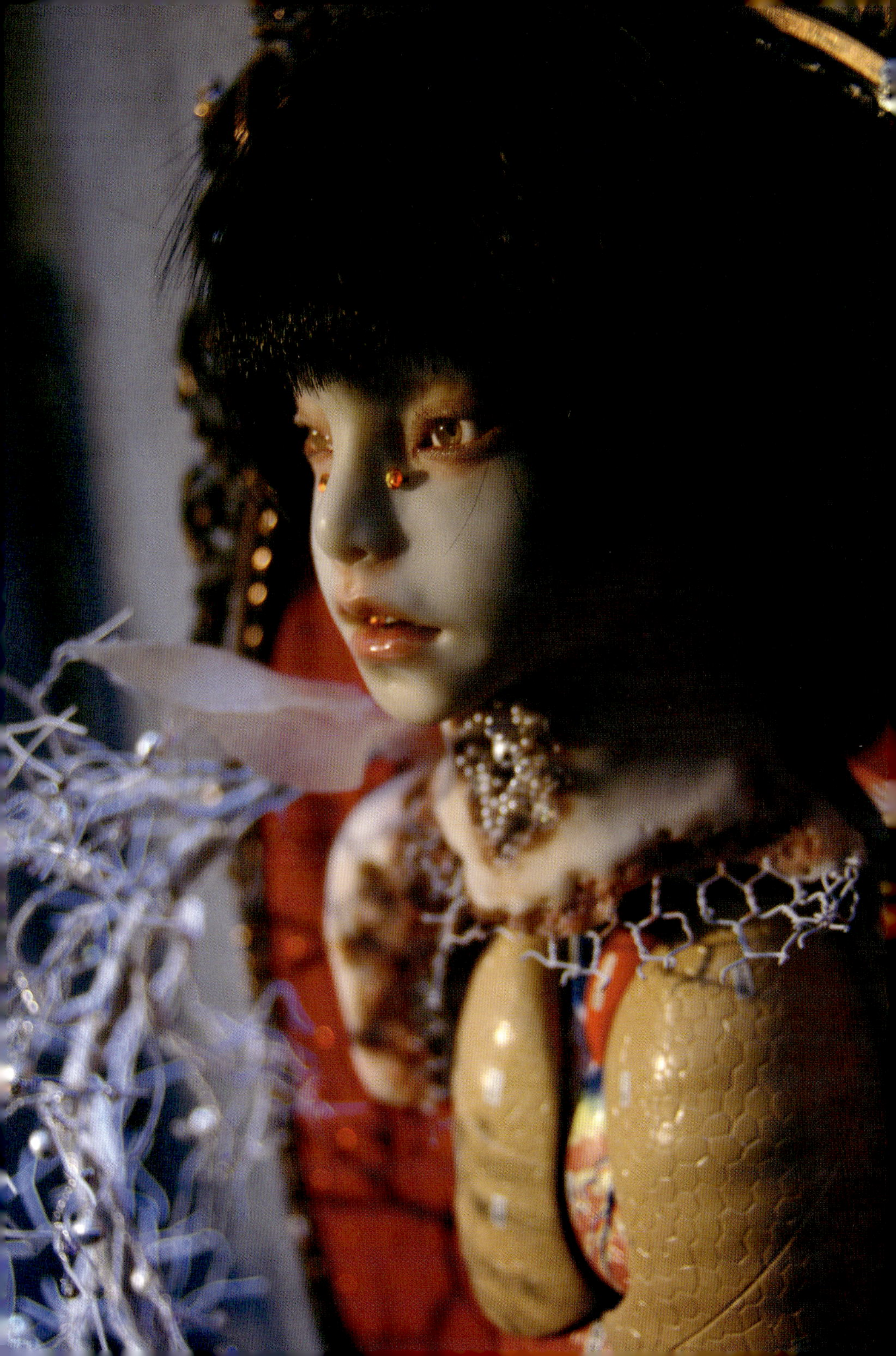

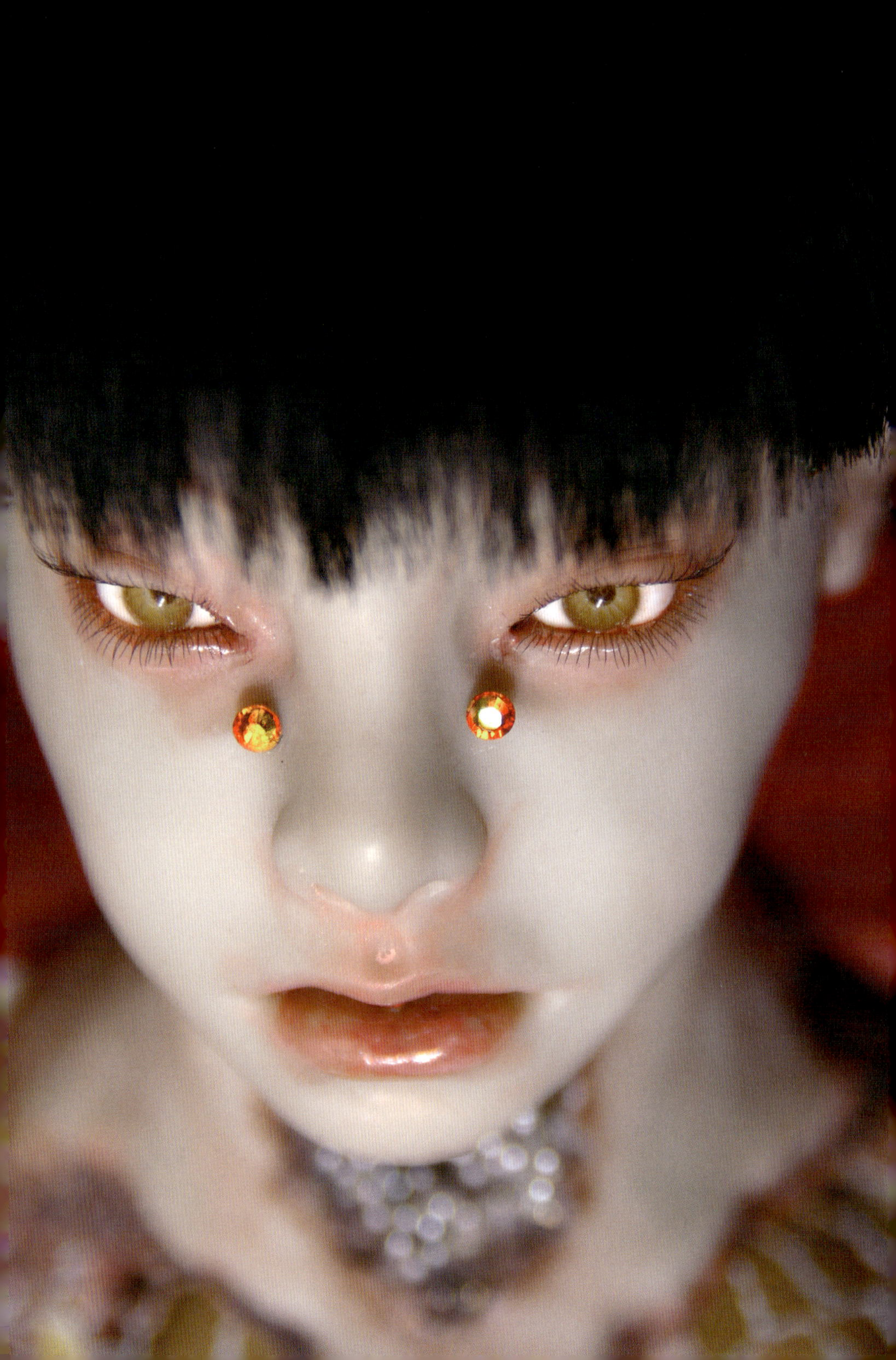

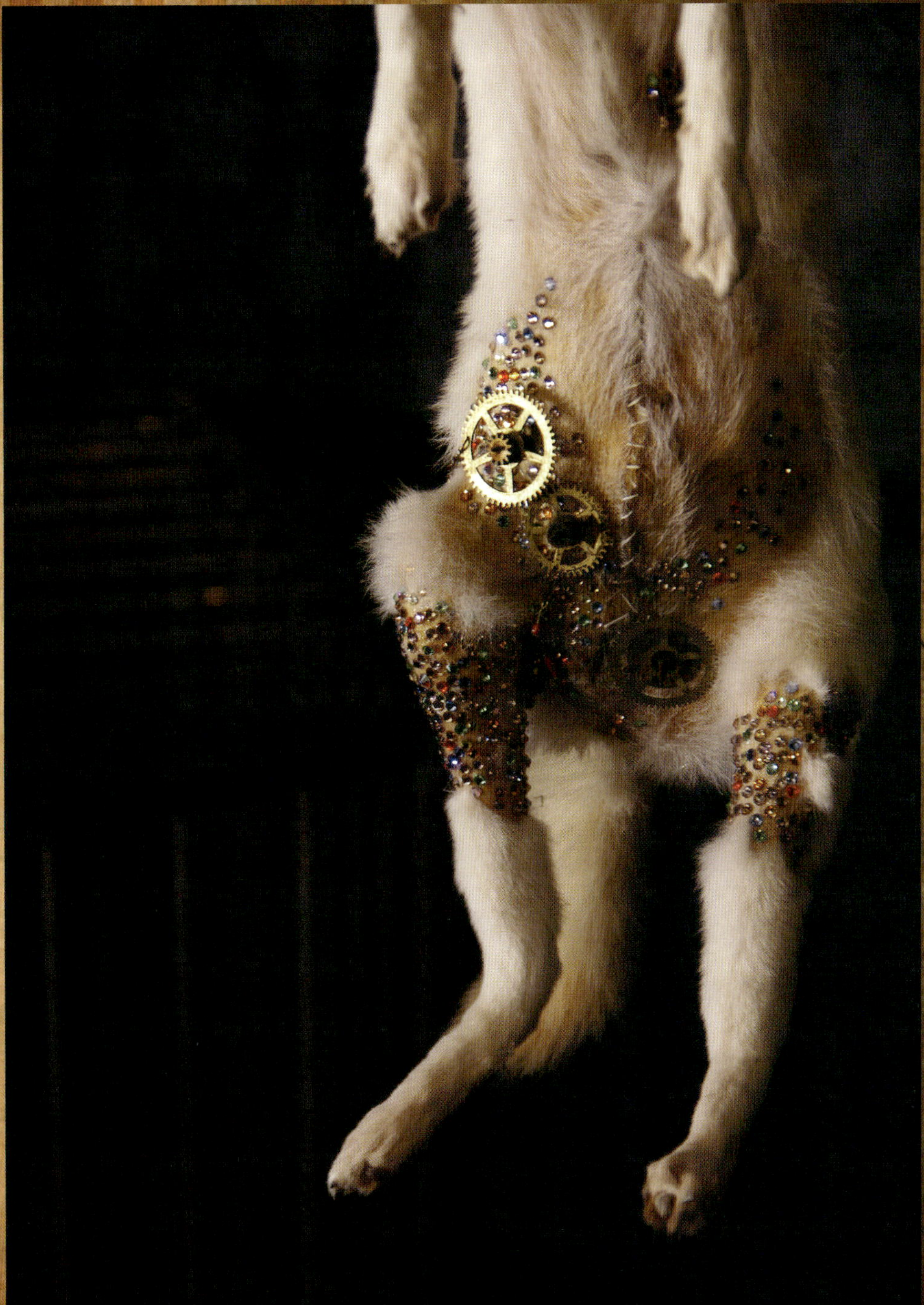

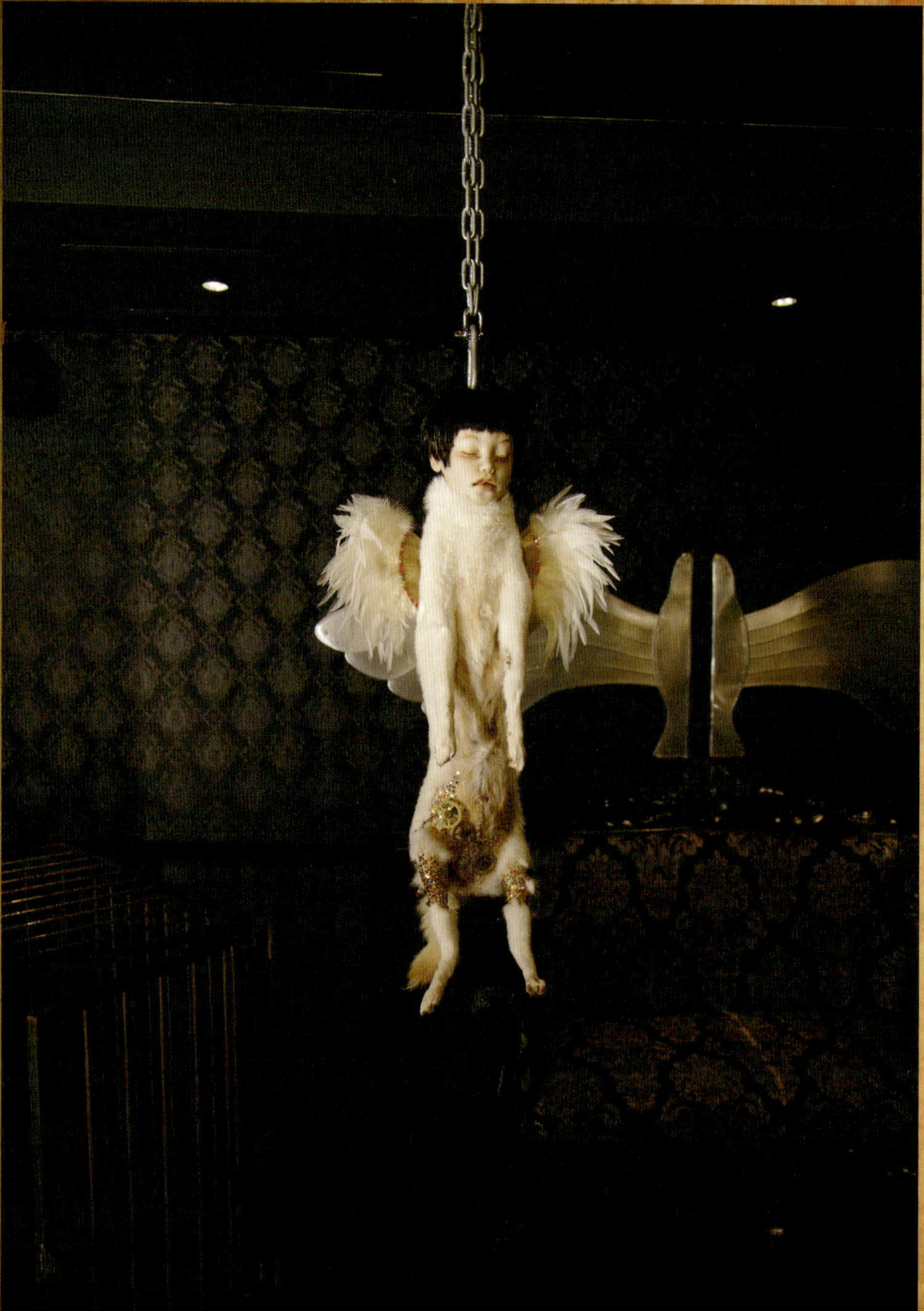

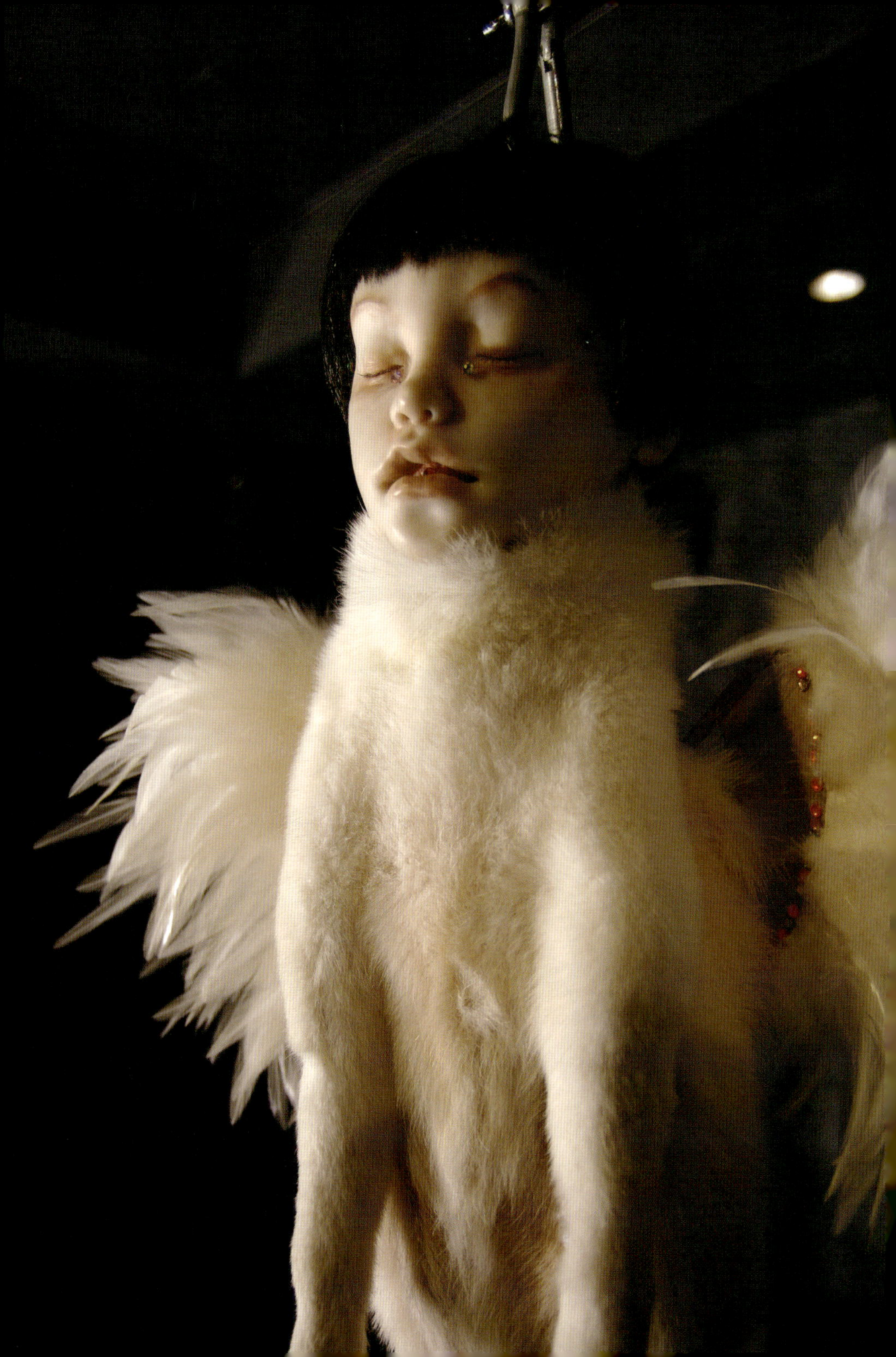

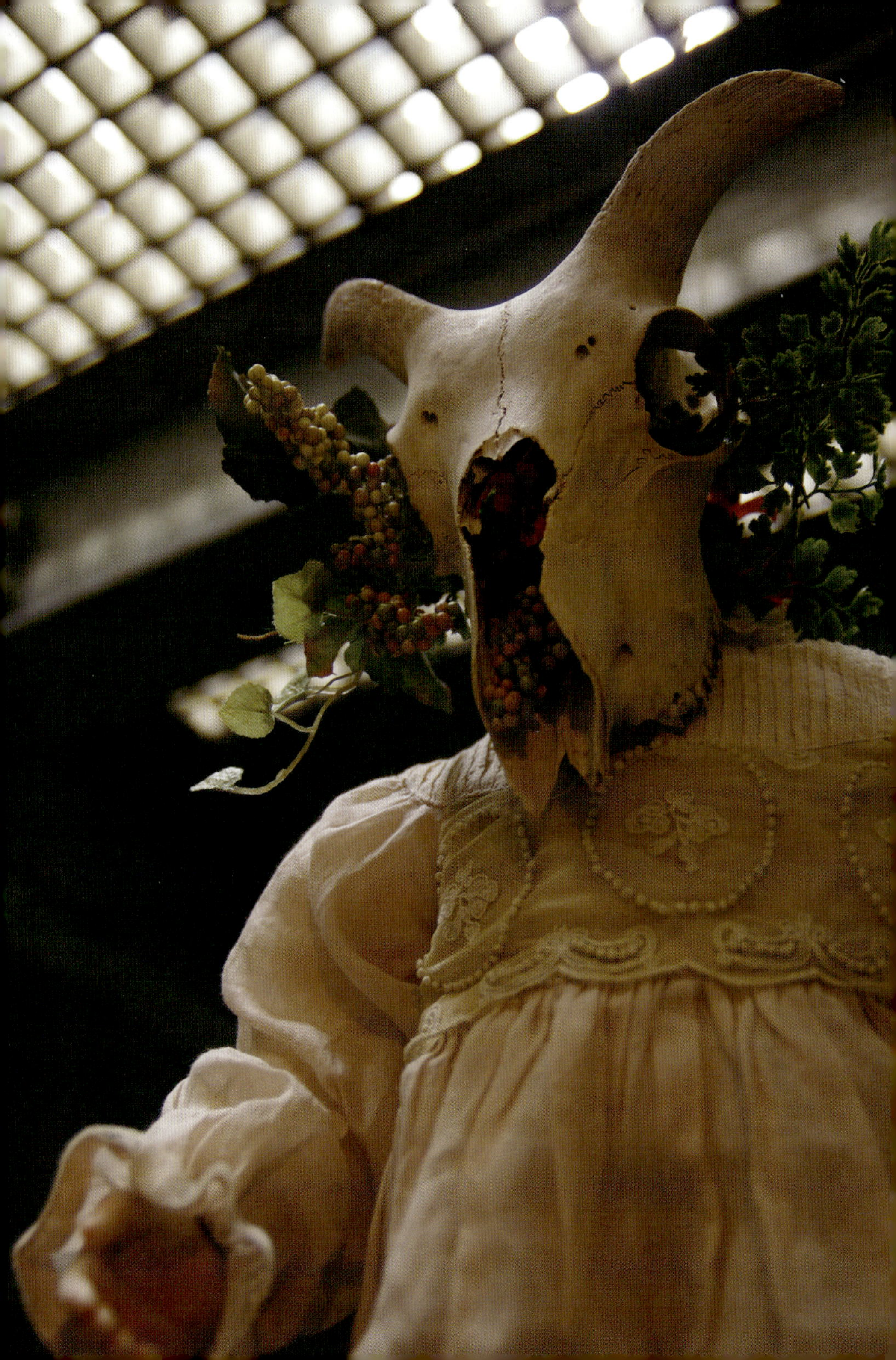

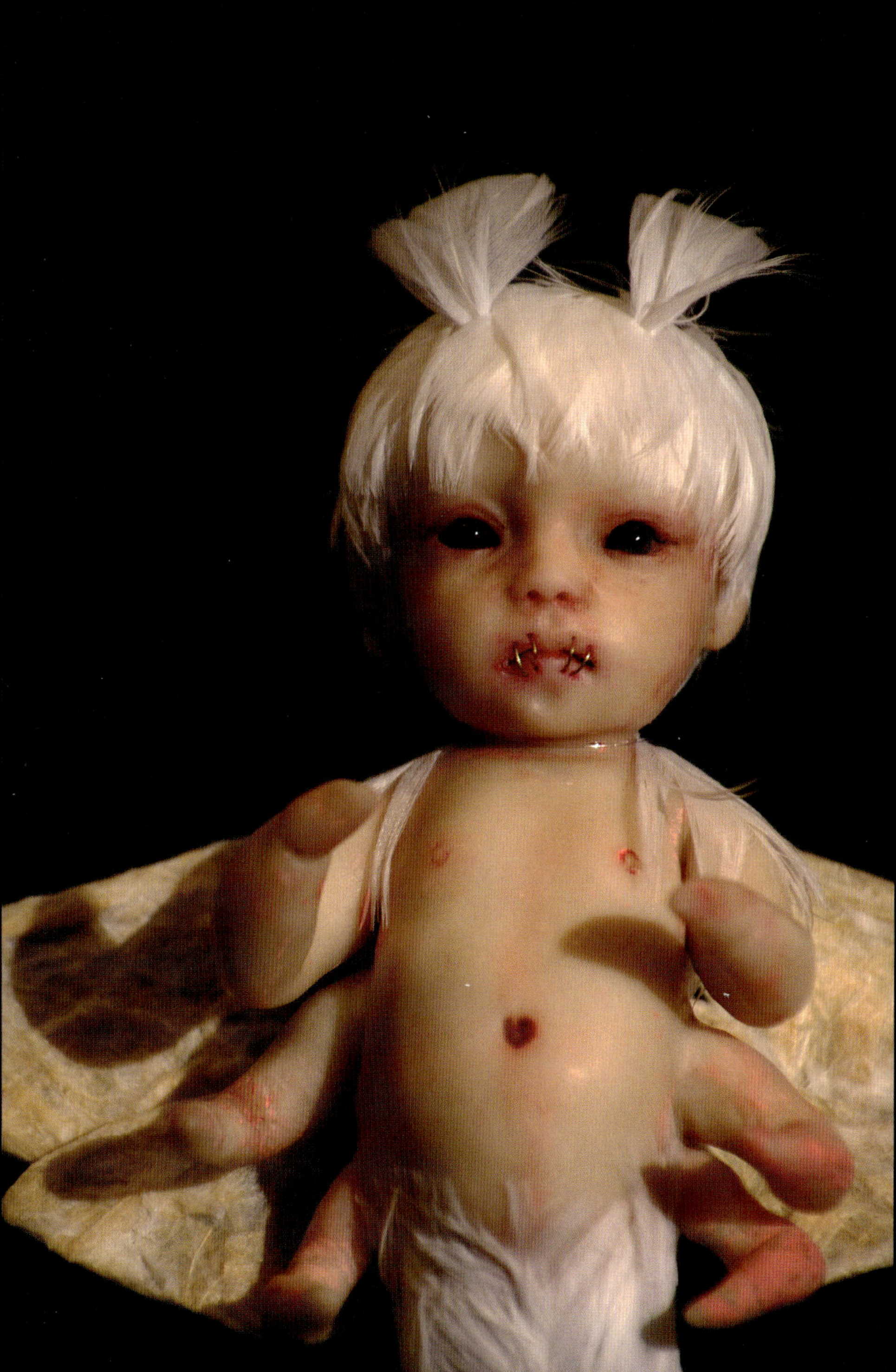

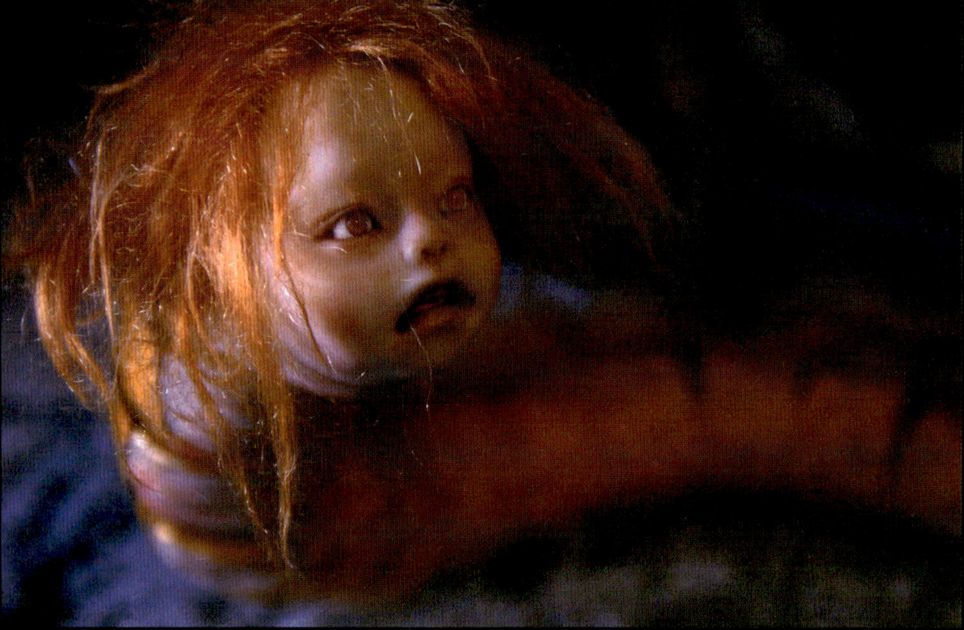

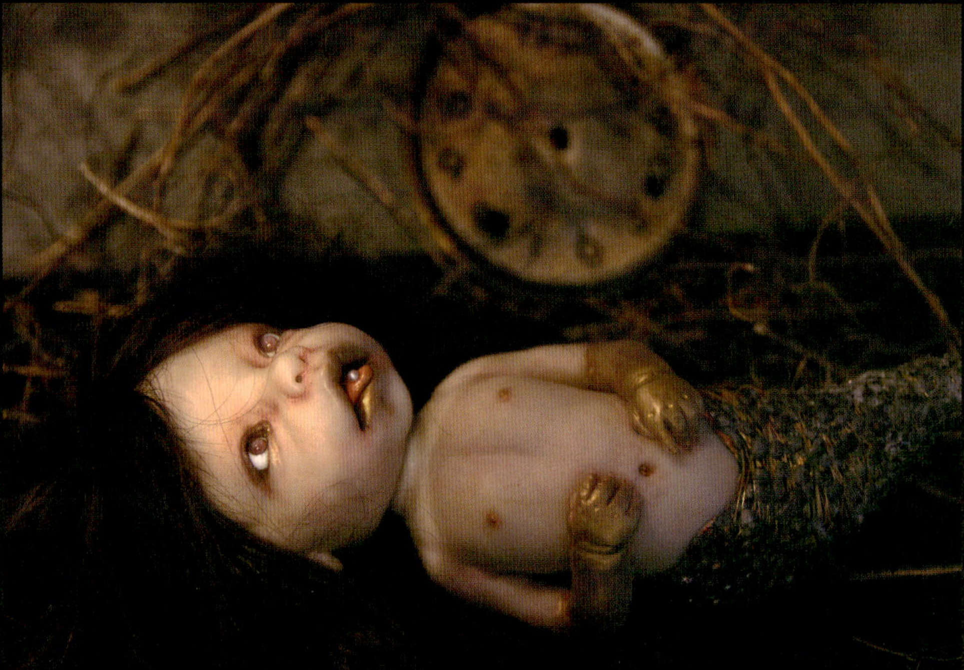

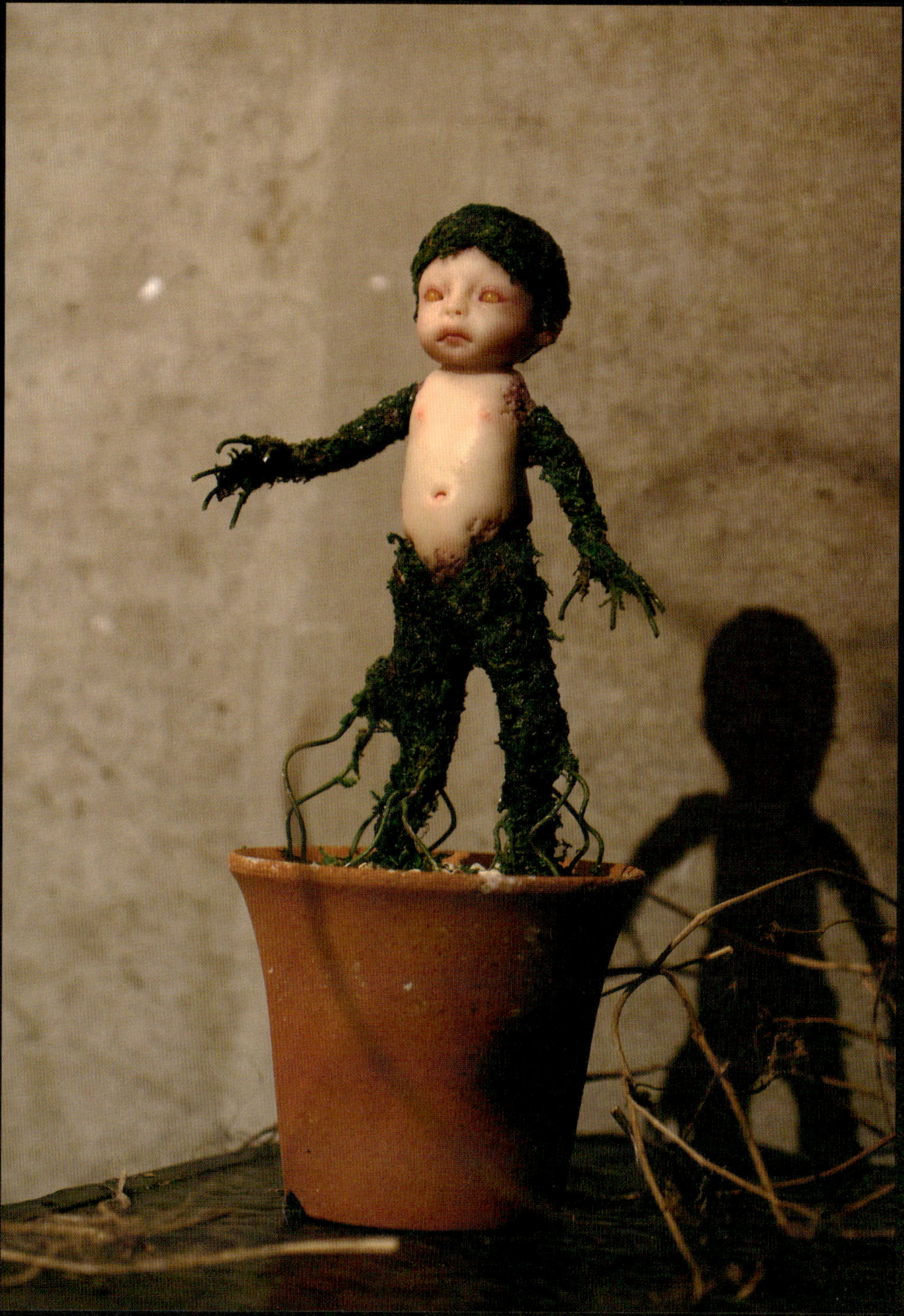

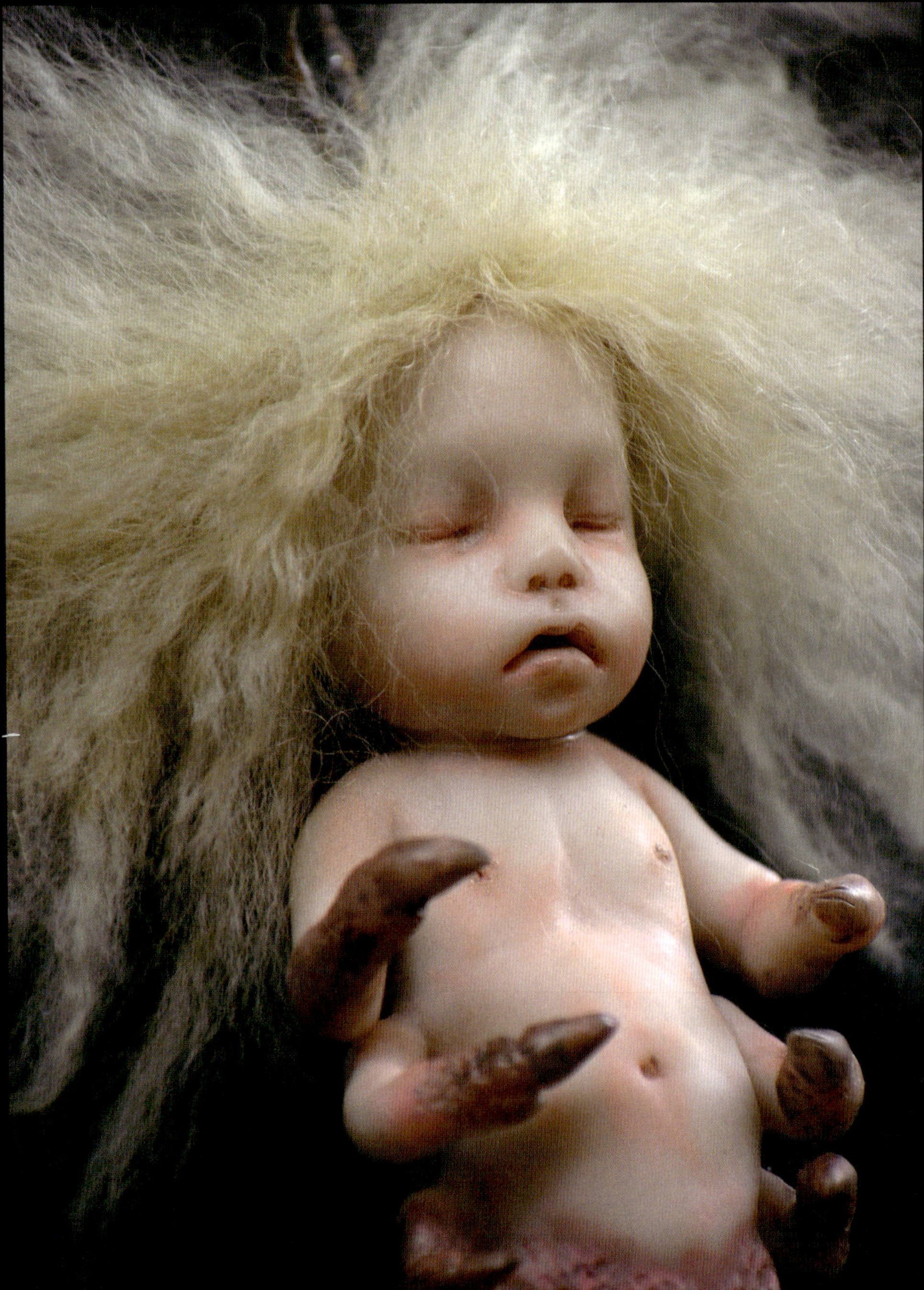

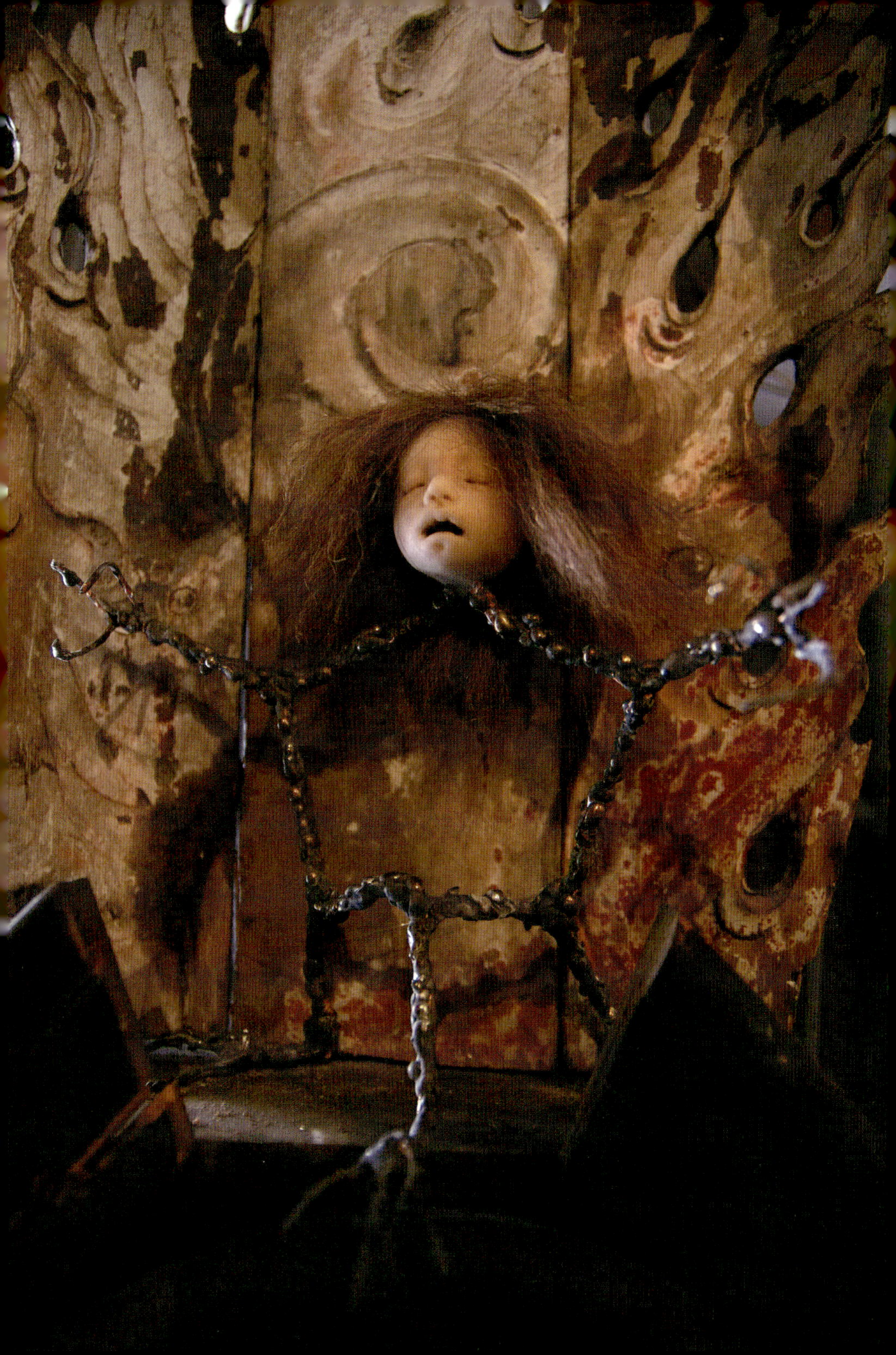

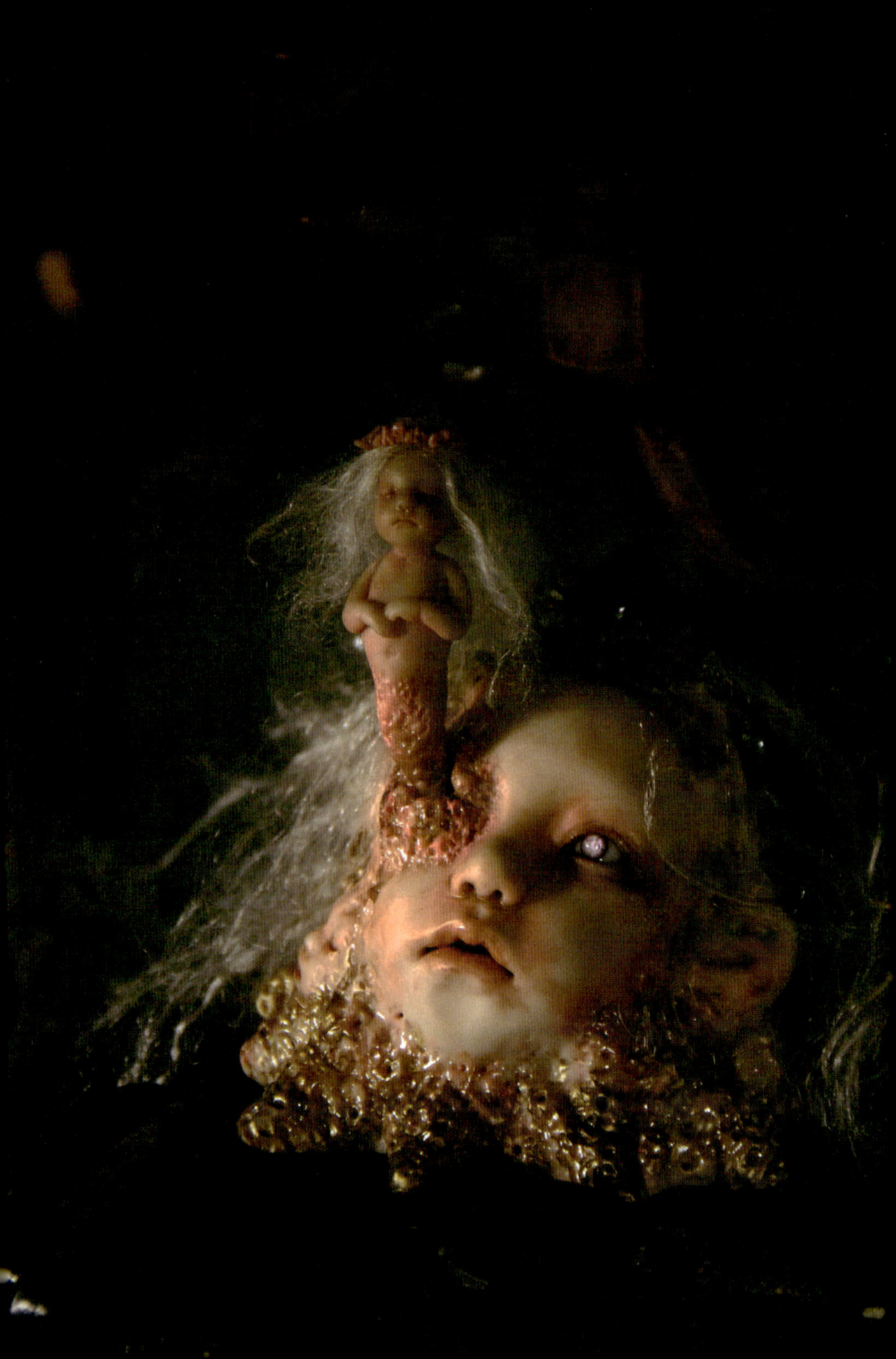

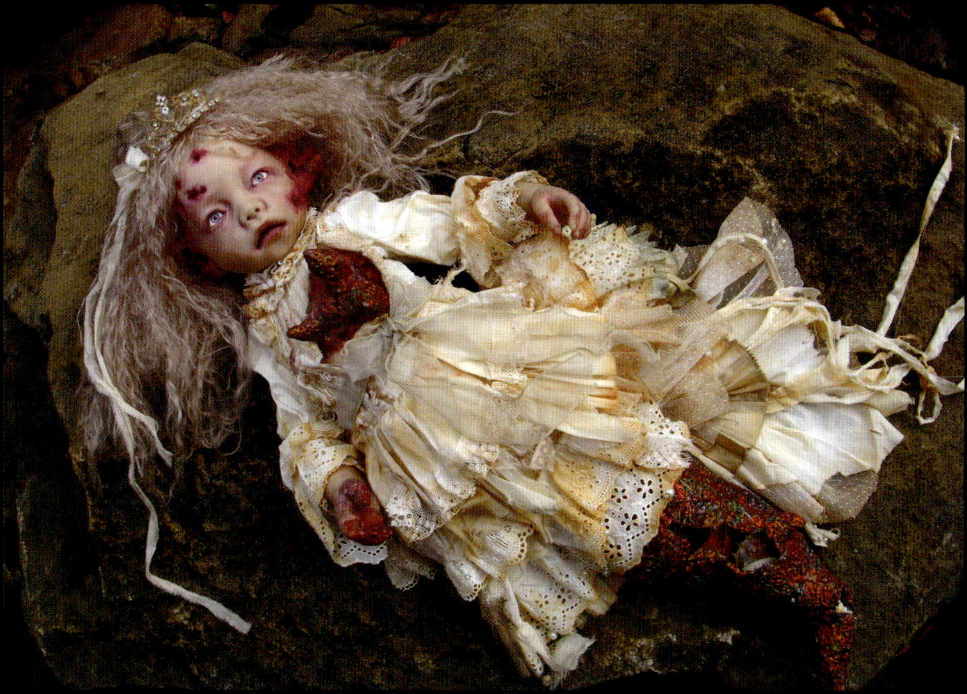

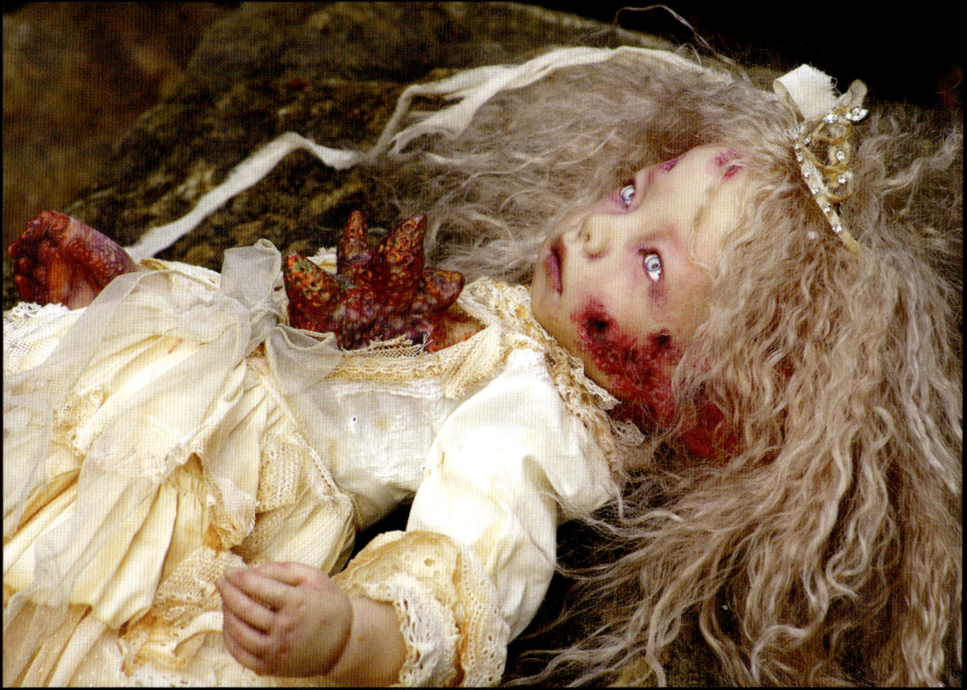

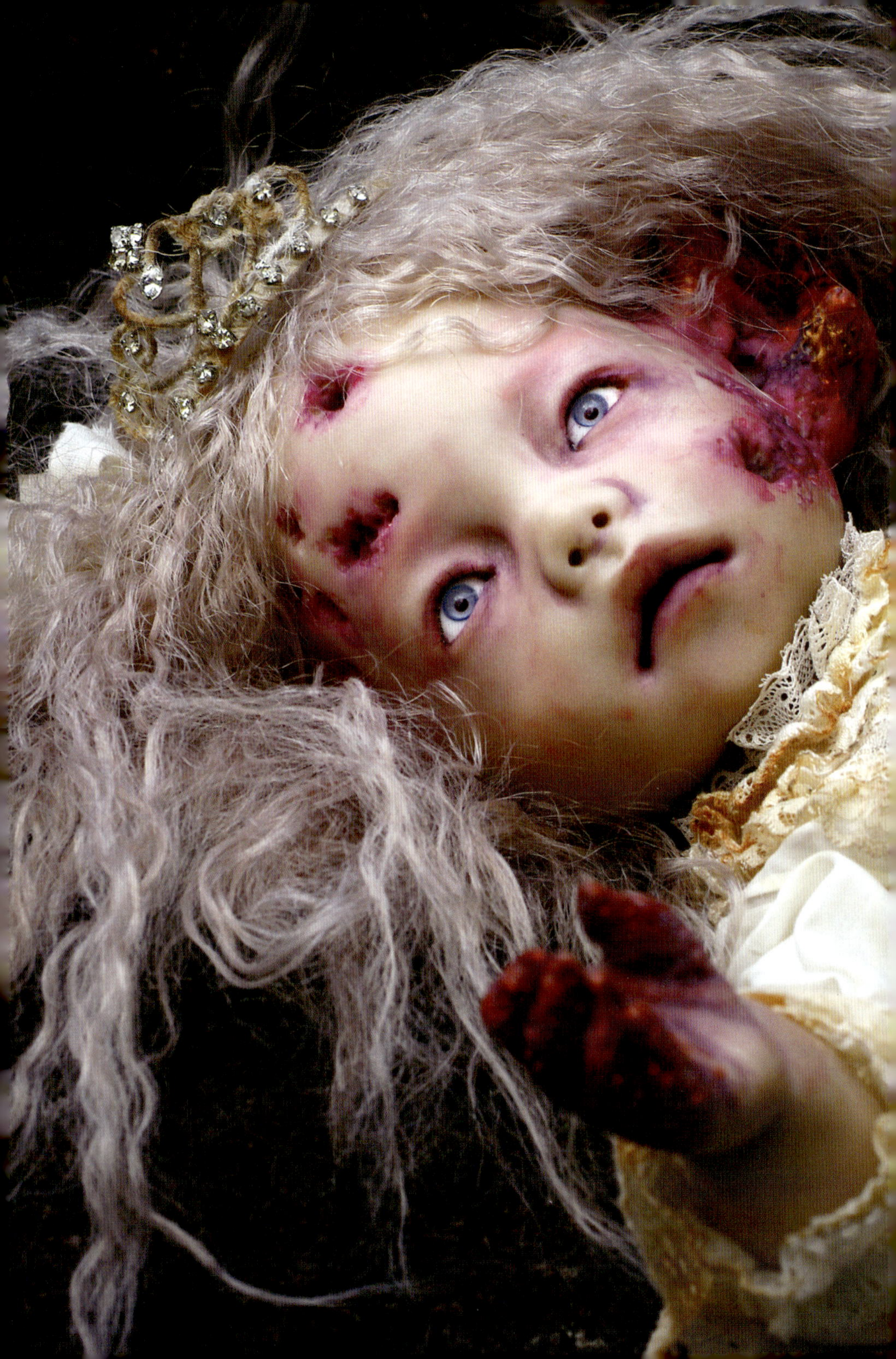

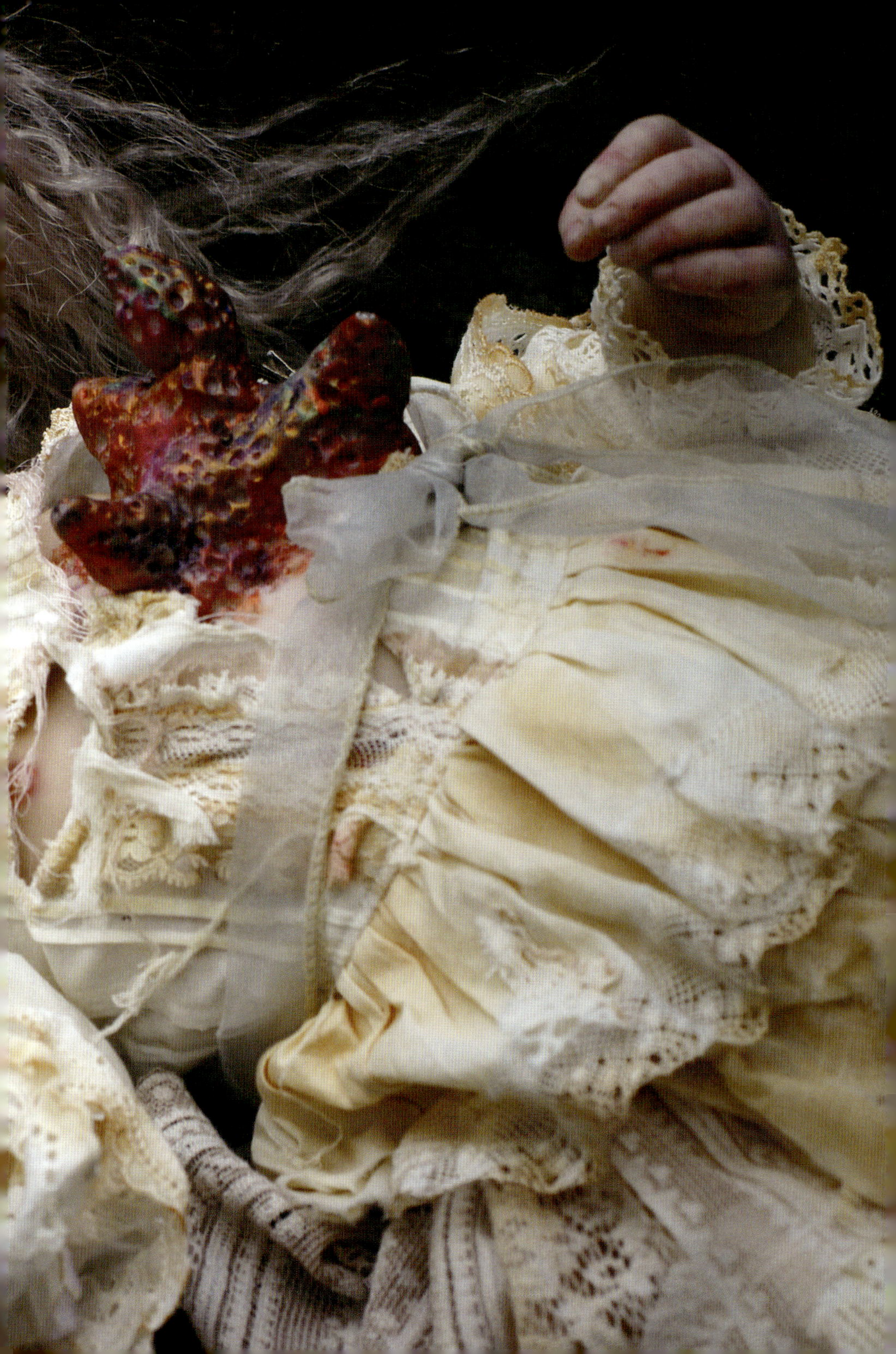

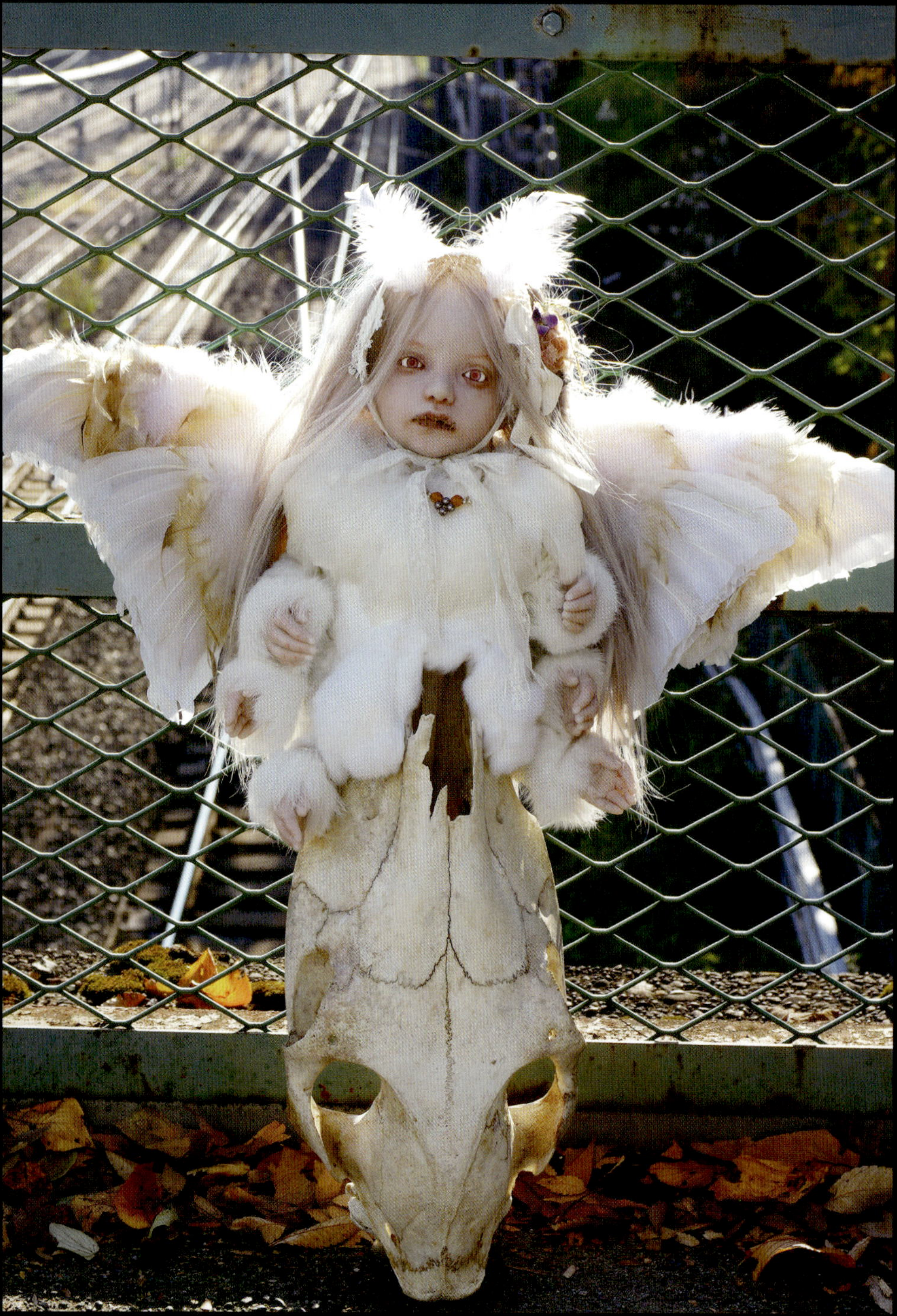

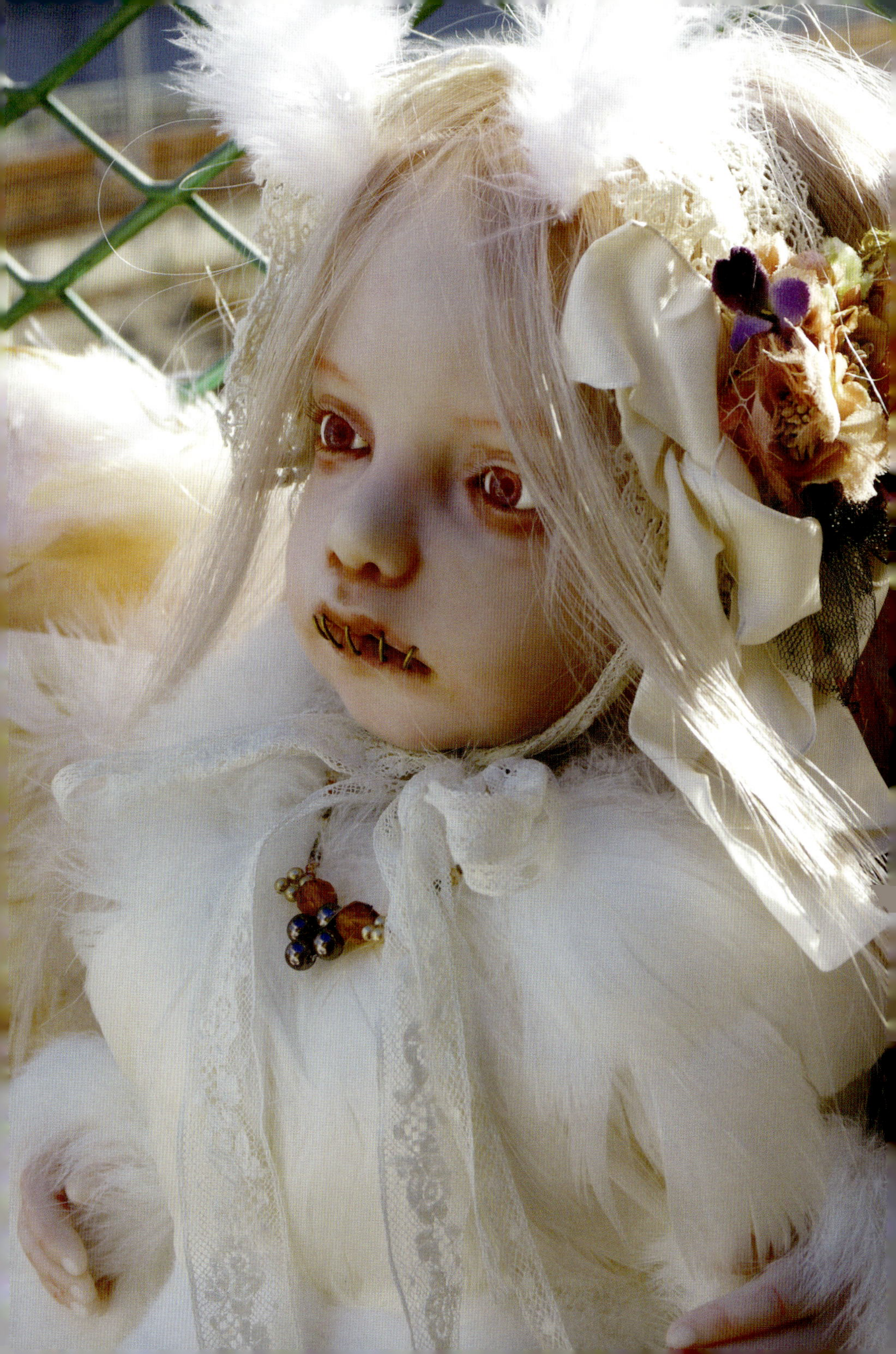

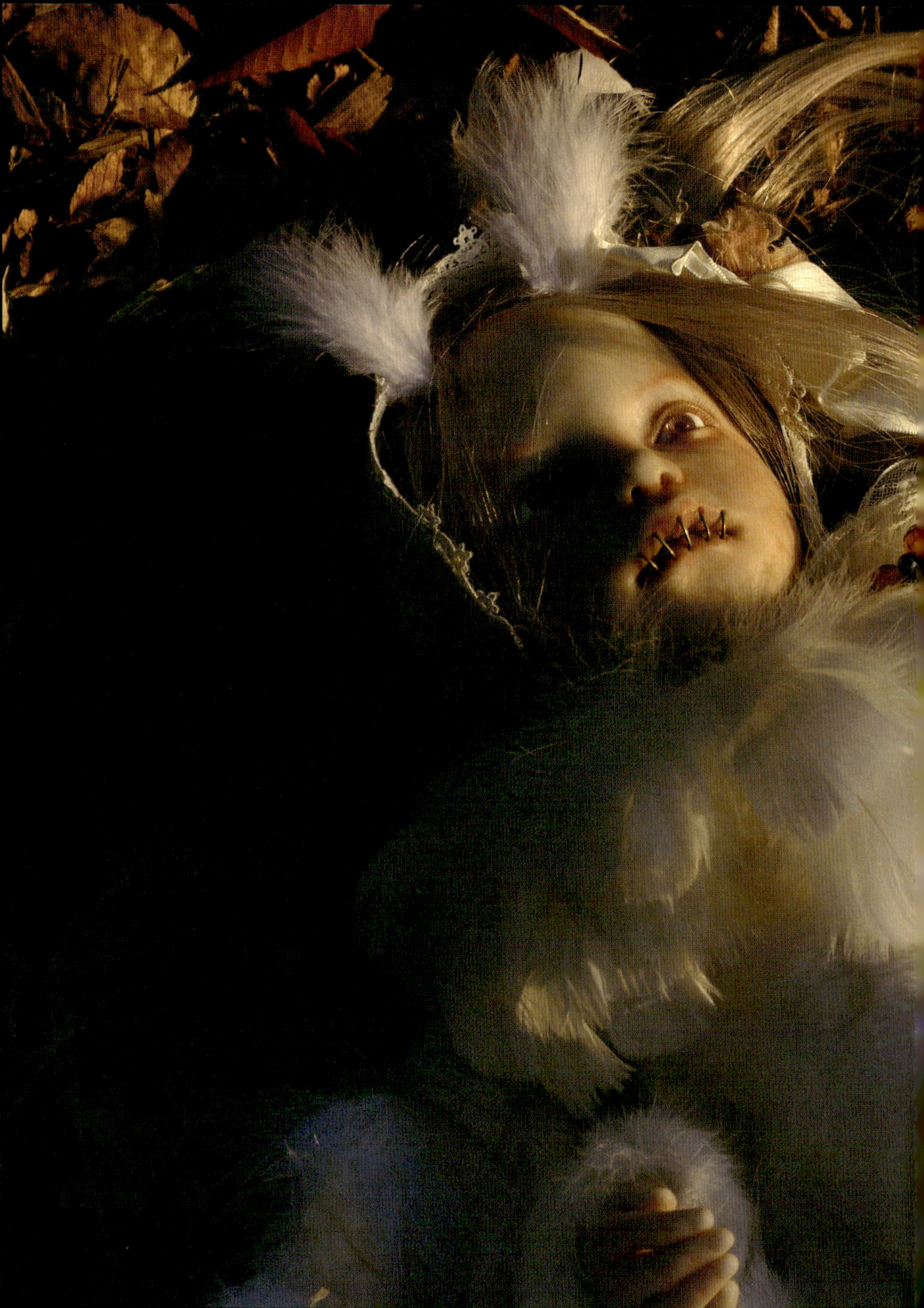

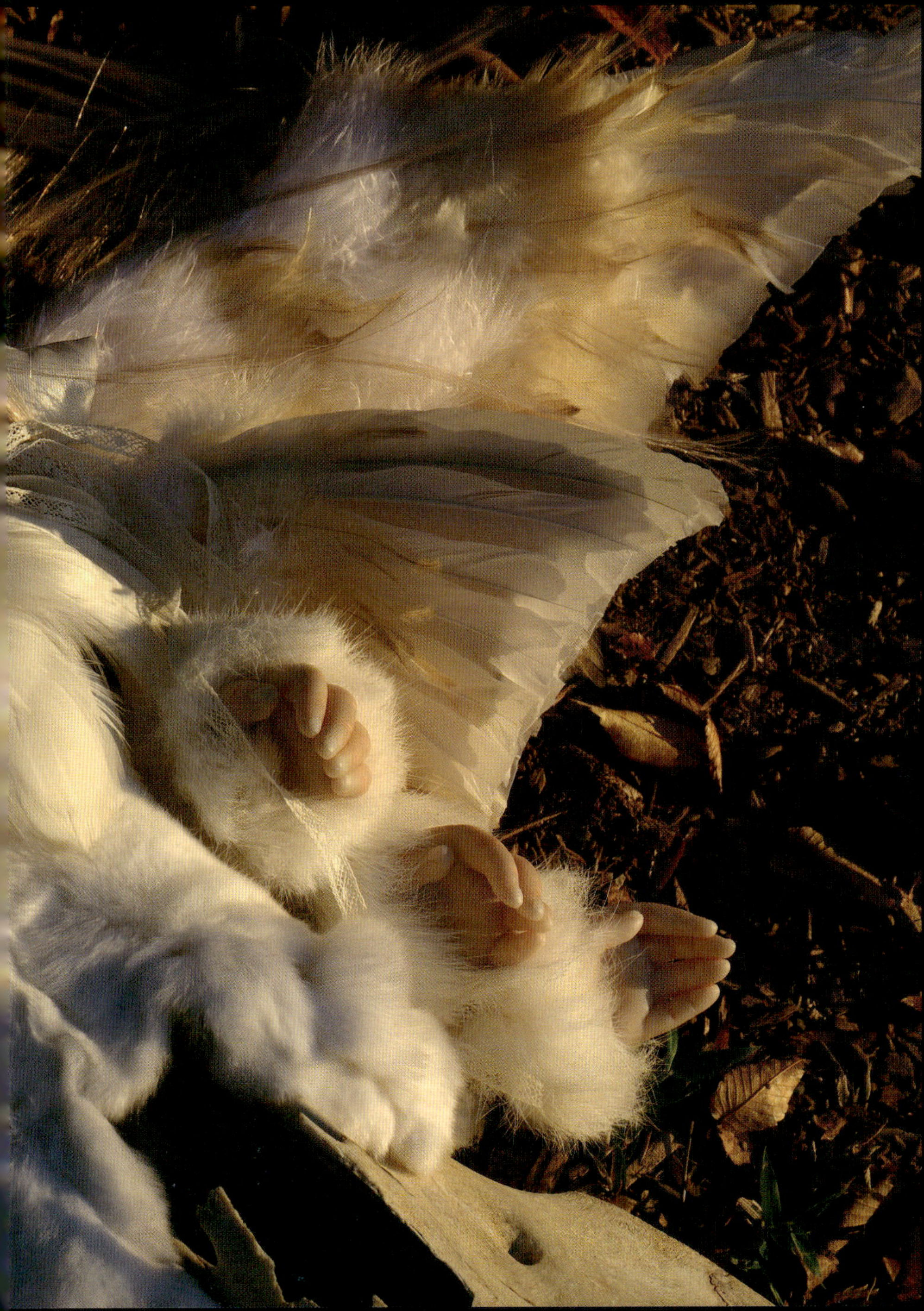

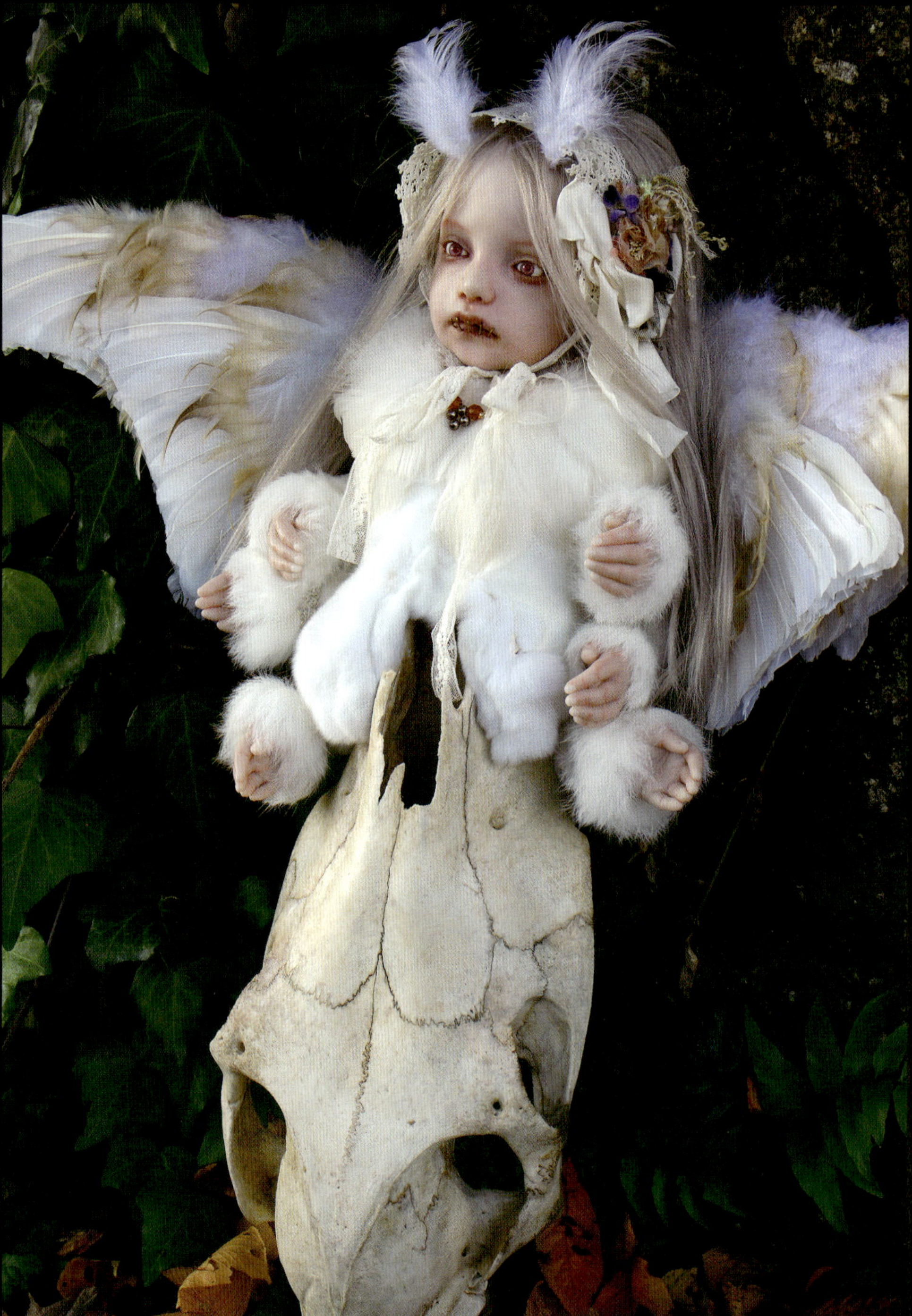

❀ 作品一覧

作品名	年	ページ
リデル	2009年	3〜6
麗子（れいこ）	2011年	7
宵子（よいこ）	2008年	8、9
奇乃子（きのこ）	2009年	9
白猫	2013年	10
くだん	2012年	11、12
白澤（はくたく）	2012年	12、13
マルチーズ	2012年	14
樹海ガール	2011年	15、16
オテサーネク	2011年	17〜19
冬虫夏草（とうちゅうかそう）	2009年	20、21
ホムンクルス	2012年	22
ムルムル ※1	2013年	23
小鳥姫	2010年	24、25
アシュリー	2010年	26
アリス	2010年	27、28
祈リ	2011年	29
天使	2008年	30〜32
海月姫（くらげひめ）	2012年	49、50
シャーロット・リン ※2	2012年	51
時計姫	2012年	52、53
黒蜘蛛姫（くろもひめ）	2010年	54〜56
星の王子さま	2013年	57、58
解剖学の天使2 ※2	2012年	59、60
解剖学の天使1 ※2	2012・2013年	61〜63、79
羊少女	2011年	64
蚕蛾（小）	2013年	2、65
あんとく様 ※1	2013年	66
人魚（小）	2013年	66
ヒトニグサ ※1	2013年	67
冬虫夏草（小）	2013年	68
ヒルコ ※1	2013年	69
フジツボ姫	2012年	70
珊瑚姫（さんごひめ）	2011年	71〜73
蚕蛾姫（かいこがひめ）	2013年	表紙、1、74〜78、裏表紙

※1　諸星大二郎トリビュート作品
※2　鳩山郁子トリビュート作品

❀ 衣装制作

リデル、黒蜘蛛姫：yossy（peta-peta）
麗子（ヘッドドレスのみ）、樹海ガール、アシュリー、アリス、海月姫、星の王子さま：蜜（*HavEy SyRop*）
小鳥姫：七衣紋
シャーロット・リン：Rico*（vanilatte）
珊瑚姫：HIROKO（Daisy-D）

❀ 共同制作

ホムンクルス：マンタム
解剖学の天使1：NeQro／ネクロ、GALVANIC

❀ 撮影協力

パラボリカ・ビス、スパンアートギャラリー

❀ Special thanks

今野 裕一、マンタム、清水 真理、瞳 硝子、是空、須賀 裕、諸星 大二郎、鳩山 郁子

（敬称略・順不同）

Profile

林 美登利（はやし みどり）
異形人形作家
2000年　吉田良氏に師事。球体関節人形に関する技法を学ぶ。
2003年　黒川早恵美氏に師事。オーブン樹脂粘土のサーニットに関する技法を学ぶ。
2011年　個展『幼き魔女たちの宴』（浅草橋　パラボリカ・ビス）。企画展、グループ展多数参加。
Twitter　@hayashimidori

田中 流（たなか ながれ）
虚飾集団廻天百眼などの舞台撮影、個展・グループ展、ワークショップ講師ほか、多岐にわたり活動中。
『Miracle〜奇跡〜』（人形・清水真理、発行・アトリエサード、発売・書苑新社）、『薄い街』（佐藤弓生・著、沖積舎）、『八本脚の蝶』（二階堂奥歯・著、ポプラ社）などの書籍の写真も担当している。
Twitter　@TanakaNagare

石神 茉莉（いしがみ まり）
幻想小説家　ブラジル　リオデジャネイロ市生まれ
1999年『季刊 幻想文学　くだん、ミノタウロス、牛妖伝説』（アトリエOCTA）誌上『Me and My Cow』でデビュー。以来、＜異形コレクション＞などで数多くの短編を発表。
長編小説『人魚と提琴　玩具館綺譚』『謝肉祭の王　玩具館綺譚』を講談社ノベルスより刊行。
短編集『音迷宮』（講談社）は主に妖怪・異形をテーマにした物を収録している。
Twitter　@ishigami_mari

TH ART SERIES
林美登利人形作品集　Dream Child

発行日	2014年3月28日
著者	林美登利（人形）
	田中流（写真）
	石神茉莉（小説）
装丁	中川ユウヰチ + KINEMA MOON Graphics
発行人	鈴木孝
発行	有限会社アトリエサード
	東京都新宿区高田馬場 1-21-24-301　〒169-0075
	TEL.03-5272-5037　FAX.03-5272-5038
	http://www.a-third.com/
	th@a-third.com
	振替口座／00160-8-728019
発売	株式会社書苑新社
印刷	モリモト印刷株式会社
定価	本体2750円＋税

ISBN978-4-88375-168-6 C0072 ¥2750E

©2014 Midori Hayashi, Nagare Tanaka, Mari Ishigami　Printed in Japan

www.a-third.com